# L'Homme à la plume noire

Gaston Leroux

(Traducteur : Edgar Jepson)

Writat

Cette édition parue en 2024

ISBN : 9789359942162

Publié par
Writat
email : info@writat.com

# Contenu


PRÉFACE HISTORIQUE LA BOÎTE EN BOIS DE SANTAL - 1 -

CHAPITRE I M. THEOPHRASTUS LONGUET DÉSIRE AMÉLIORER SON ESPRIT ET VISITE DES MONUMENTS HISTORIQUES ......................................................- 3 -

CHAPITRE II LES DÉCHETS DE PAPIER ......................- 9 -

CHAPITRE III LA LONGUETE DE THÉOPHRASTE ÉCLATE EN CHANSON ................................................- 14 -

CHAPITRE IV ADOLPHE LECAMUS EST sidéré MAIS FRANK ................................................- 27 -

CHAPITRE V THÉOPHRASTE MONTRE LA PLUME NOIRE ......................................................- 31 -

CHAPITRE VI LE PORTRAIT ...............................- 37 -

CHAPITRE VII LA JEUNE CARTOUCHE ......................- 48 -

CHAPITRE VIII LE MASQUE DE CIRE ......................- 57 -

CHAPITRE IX POSITION ÉTRANGE D'UN PETIT CHAT VIOLET ..................................................- 62 -

CHAPITRE X L'EXPLICATION DE L'ÉTRANGE ATTITUDE D'UN PETIT CHAT VIOLET ...............................- 66 -

CHAPITRE XI THÉOPHRASTE SOUTIENT QU'IL N'EST PAS MORT SUR LA PLACE DE GRÈVE ............- 71 -

CHAPITRE XII LA MAISON DES MOTS ÉTRANGES ..- 76 -

CHAPITRE XIII LE REMÈDE QUI MANQUÉ ..............- 82 -

CHAPITRE XIV L'OPÉRATION COMMENCE ...............- 90 -

CHAPITRE XV FIN DE L'OPÉRATION .....................- 97 -

CHAPITRE XVI LES INCONVÉNIENTS DE LA CHIRURGIE PSYCHIQUE ...................................- 104 -

CHAPITRE XVII THÉOPHRASTE COMMENCE À S'INTÉRÊTER AUX CHOSES ..........................- 108 -

CHAPITRE XVIII LE PAPIER DU SOIR ......................- 111 -

CHAPITRE XIX L'HISTOIRE DU VEAU ......................- 115 -

CHAPITRE XX LE COMPORTEMENT ÉTRANGE D' UN TRAIN EXPRESS ........................................- 121 -

CHAPITRE XXI L'HOMME SANS OREILLE AVEC LA TÊTE PAR LA FENÊTRE ............................- 125 -

CHAPITRE XXII DANS LEQUEL LA CATASTROPHE QUI APPARAÎT SUR LE POINT D'ÊTRE EXPLIQUÉE, DEVIENT ENCORE PLUS INEXPLICABLE .................- 127 -

CHAPITRE XXIII LE MAÇON MÉLODEUX .................- 130 -

CHAPITRE XXIV LA SOLUTION DANS LES CATACOMBES ........................................................- 134 -

CHAPITRE XXV M. MIFROID Prend les devants ..........- 140 -

CHAPITRE XXVI M. LONGUET POISSON DANS LES CATACOMBES ........................................................- 148 -

CHAPITRE XXVII M. PARTIES MIFROID DE THÉOPHRASTE ......................................................- 154 -

CHAPITRE XXVIII THÉOPHRASTE PART EN EXIL ÉTERNEL ..............................................................- 158 -

# PRÉFACE HISTORIQUE

## LA BOÎTE EN BOIS DE SANTAL

Un soir de l'année dernière, j'ai aperçu dans la salle d'attente de mon journal *Le Matin* un homme vêtu de noir, le visage lourd du plus sombre désespoir, dont les yeux secs et morts semblaient recevoir les images des choses comme des miroirs immobiles.

Il était assis ; et là reposait sur ses genoux une boîte en bois de santal incrustée d'acier poli. Un employé de bureau m'a raconté qu'il était resté là, immobile, silencieux, attendant mon arrivée pendant trois heures mortelles.

J'ai invité cette figure du désespoir dans mon bureau et lui ai offert une chaise. Il ne l'a pas pris; il se dirigea droit vers mon bureau et y posa la boîte en bois de santal.

Puis il me dit d'une voix lointaine et sans expression : « Monsieur, cette boîte est à vous. Mon ami, M. Théophraste Longuet , m'a chargé de vous l'apporter.

Il s'est incliné et se dirigeait vers la porte, quand je l'ai arrêté.

"Pour l' amour de Dieu , ne t'enfuis pas comme ça !" Dis-je sèchement. "Je ne peux pas recevoir cette boîte sans savoir ce qu'elle contient."

"Je ne sais pas moi-même ce qu'il contient", dit-il du même ton terne et inexpressif. "Cette boîte est verrouillée ; la clé est perdue. Il faudra l'ouvrir pour le savoir."

"En tout cas, j'aimerais connaître le nom du porteur", dis-je fermement.

"Mon ami M. Théophraste Longuet m'appelait Adolphe", dit-il du ton le plus triste.

— Si M. Théophraste Longuet m'avait apporté lui-même cette boîte, il m'aurait certainement dit ce qu'elle contient, dis-je avec raideur. "Je regrette que M. Théophraste Longuet ..."

"Moi aussi", dit mon visiteur. "M. Théophraste Longuet est mort; et je suis son exécuteur testamentaire."

Sur ce, il ouvrit la porte, la franchit et la referma derrière lui. J'ai regardé la boîte en bois de santal ; J'ai regardé la porte; puis j'ai couru après l'homme. Il avait disparu.

J'ai fait ouvrir la boîte en bois de santal ; et j'y ai trouvé un paquet de manuscrits. Dans un bureau de presse, on a l'habitude de recevoir des liasses de manuscrits ; et je commençai à les parcourir avec une lassitude considérable. Très vite, cela changea en l'intérêt le plus vif. Au fur et à mesure que j'approfondissais ces documents posthumes , je trouvai l'histoire qui y était racontée de plus en plus extraordinaire, de plus en plus incroyable. Pendant longtemps, je n'y ai pas cru. Cependant, comme les preuves en existent, j'ai fini, après une enquête approfondie, par le croire vrai.

M. Théophraste Longuet me léguait cet étrange héritage était en elle-même étrange. Il ne me connaissait pas ; mais il avait lu des articles de moi dans *Le Matin* , « son organe préféré » ; et parmi les nombreux collaborateurs de ce journal, il m'avait choisi, non pour mes connaissances supérieures, allégation qui m'aurait fait rougir, mais parce qu'il était parvenu à la conclusion que je possédais « une intelligence plus solide » que les autres.

GASTON LEROUX

# CHAPITRE I

## M. THEOPHRASTUS LONGUET DÉSIRE AMÉLIORER SON ESPRIT ET VISITE DES MONUMENTS HISTORIQUES

M. Théophraste Longuet n'était pas seul lorsqu'il sonna la cloche de cette ancienne prison de palais qu'est la Conciergerie : il était accompagné de sa femme Marceline, une très jolie femme, d'une rare beauté pour une Française, d'une taille admirable, et de M. Adolphe Lecamus , son meilleur ami.

La porte, percée d'un petit judas à barreaux, tournait lourdement sur ses gonds, comme le devrait une porte de prison ; le gardien, qui sert de guide à la prison, brandissant à la main un trousseau de grosses clés démodées, regarda la fête avec une tristesse officielle et demanda son permis à Théophraste. Théophraste l'avait procuré le matin même à la Préfecture de Police ; il le tenait de l'air d'un citoyen assuré de ses droits, et regardait son ami Adolphe d'un air triomphant.

Il admirait son ami presque autant que sa femme. Non qu'Adolphe fût exactement un bel homme ; mais il avait un air de force et de vigueur ; et il n'y avait rien au monde que Théophraste, l'homme le plus timide de Paris, appréciait plus que la force et la vigueur . Ce front large et bombé (alors que le sien était étroit et haut), ces sourcils plats et épais, pour la plupart légèrement relevés pour exprimer le mépris des autres et la confiance en soi, ce regard perçant (alors que ses propres yeux bleu pâle clignaient) derrière les lunettes des myopes), ce gros nez arqué avec hauteur, ces lèvres surmontées d'une moustache brune et recourbée, ce menton fort et carré ; en un mot, toute cette antithèse virile de sa propre figure grotesque aux joues flasques était l'objet perpétuel de son admiration silencieuse. D'ailleurs, Adolphe avait été inspecteur des Postes à Tunis : il avait « traversé la mer ».

Théophraste avait seulement traversé la Seine . Personne ne peut prétendre qu'il s'agit d'une véritable traversée.

Le guide a mis la fête en mouvement ; Il a ensuite dit:

"Tu es Français?"

Théophraste s'arrêta net au milieu de la cour.

"Est-ce qu'on ressemble à des Allemands ?" » dit-il avec un sourire confiant, car il était bien sûr d'être Français.

"C'est la première fois que je me souviens que des Français viennent visiter la Conciergerie. En règle générale, les Français ne visitent rien", dit le guide avec son air morose officiel ; et il a continué.

" C'est faux de leur part. Les monuments du passé sont le livre de l'histoire ", dit sentencieusement Théophraste ; et il s'arrêta pour regarder fièrement sa femme et Adolphe, car il trouvait ce mot beau.

Ils ne l'écoutaient pas ; et, tout en suivant le guide, il reprit d'un ton confidentiel : « Je suis moi-même un vieux Parisien ; et si j'ai attendu jusqu'à aujourd'hui pour visiter les monuments du passé, c'est parce que mon affaire... j'étais fabricant. des tampons jusqu'à la semaine dernière, ne m'a donné le loisir de le faire qu'à l'heure où je m'en suis retiré. Cette heure a sonné, et je vais améliorer mon esprit. Et d'un air décidé il frappa le trottoir séculaire avec la férule de son parapluie vert.

Ils franchirent une petite porte et un grand guichet, descendirent quelques marches et se trouvèrent dans la salle des gardes.

Ils se turent, s'abandonnant entièrement à leurs réflexions. Ils faisaient tout ce qu'ils pouvaient pour que ces vieux murs, qui rappelaient une histoire si prodigieuse, laissent dans leur esprit une impression durable. Ce n'étaient pas des brutes insensibles. Pendant que le guide les conduisait sur la tour de César , ou la tour d'Argent , ou la tour de Bon Bec, ils se disaient vaguement que depuis plus de mille ans il y avait en eux d'illustres prisonniers dont ils avaient oublié jusqu'aux noms. Marceline pensait à Marie-Antoinette, à la princesse Elisabeth et au petit Dauphin, mais aussi aux gardes de cire qui veillent sur la famille royale dans les musées. En esprit donc elle était au Temple tandis qu'en corps elle visitait la Conciergerie. Mais elle ne s'en doutait pas ; donc elle était plutôt heureuse.

En descendant la tour d'Argent , où le seul vestige du Moyen Âge qu'ils avaient trouvé était un vieux monsieur assis sur un tabouret devant un bureau à rouleau, classant les documents relatifs aux prisonniers politiques sous la Troisième République, ils revinrent dans la salle des gardes en route vers la tour Bon Bec.

Théophraste, fier de se montrer instruit, dit au guide : « N'est-ce pas ici que les Girondins ont pris leur dernier repas ? Vous pourriez nous montrer exactement où était la table et où était assis Camille Desmoulins. Je regarde toujours. sur Camille Desmoulins comme un de mes amis personnels.

— Moi aussi, dit Marceline d'un air un peu supérieur.

Adolphe se moquait d'eux. Il affirmait que Camille Desmoulins n'était pas girondin. Théophraste était ennuyé, et Marceline aussi. Lorsqu'Adolphe affirma que Camille Desmoulins était un Cordelier, un ami de Danton et l'un des instigateurs des massacres de Septembre, elle le nia.

"Il n'était rien de tout cela", dit-elle fermement. "S'il l'avait été, Lucie ne l'aurait jamais épousé."

Adolphe n'insista pas, mais lorsqu'ils entrèrent dans la chambre de torture de la tour Bon Bec, il feignit d'être extrêmement intéressé par les étiquettes des tiroirs tout autour des murs, sur lesquelles étaient imprimés " Houblon ", " Cannelle ", " Séné."

"C'était la chambre de torture ; ils l'ont transformée en dispensaire", dit le guide d'un ton bourru.

"Ils ont bien fait. C'est plus humain", dit sentencieusement Théophraste.

— Sans doute, mais c'est beaucoup moins impressionnant, dit froidement Adolphe.

Marceline fut aussitôt d'accord avec lui...

On n'était pas du tout impressionné… Ils s'attendaient à quelque chose de très différent… Ce n'était pas du tout ce qu'ils recherchaient.

Mais lorsqu'ils sont arrivés sur la plateforme Clock, leurs sentiments ont changé. L'aspect redoutable de ces tours féodales, derniers vestiges de la vieille monarchie franque, trouble pour un temps l'esprit même des plus ignorants. Cette prison millénaire a été le témoin de tant d'agonies magnifiques et a caché des désespoirs si lointains et si légendaires qu'il semble qu'il suffit de pénétrer dans ses profondeurs pour retrouver assise dans quelque coin obscur, humide et fatale, l'histoire tragique de Paris, aussi immortel que ces murs. C'est pourquoi, avec un peu d'enduit, de parquet et de peinture, ils ont fait là le bureau du directeur de la Conciergerie et celui du Recorder ; ils ont mis l'encre à la place autrefois occupée par le bourreau. C'est, comme le dit Théophraste, plus humain.

Il n'en reste pas moins que, comme l'affirmait Adolphe, elle est moins impressionnante, cette visite du 16 juin dernier menaçait de ne laisser dans l'esprit des trois amis que le souvenir passager d'une désillusion complète lorsqu'arriva un incident si inouï. et si curieusement fantastique que j'ai jugé absolument nécessaire, après avoir lu le récit de Théophraste Longuet dans ses mémoires, d'aller à la Conciergerie et d'interroger lui-même le guide.

Je l'ai trouvé un homme impassible, officiellement sombre, mais avec un souvenir parfaitement clair des événements de la visite de Théophraste.

À mes questions, il perdit son air sombre et dit avec une certaine animation : « Tout se passait comme d'habitude, monsieur ; et je venais de montrer aux deux messieurs et à la dame les cuisines de Saint-Louis, où nous conservons la chaux. Nous nous rendions à la cellule de Marie-Antoinette, qui est aujourd'hui une petite chapelle. La figure du Christ devant laquelle elle a dû prier est maintenant dans le bureau du directeur... "

"Oui, oui, revenons aux faits !" Je l'ai interrompu.

"Nous venons justement vers eux. Je disais au monsieur au parapluie vert que nous avions été obligés de mettre le fauteuil de la Reine dans le bureau du directeur parce que les Anglais emportaient tout le rembourrage dans leurs bourses..."

"Oh, arrête les anglais !" Dis-je avec une certaine impatience.

Il me regarda d'un air blessé et reprit : "Mais je dois vous dire ce que je disais au monsieur au parapluie vert lorsqu'il m'interrompit d'un ton si étrange que l'autre monsieur et la dame crièrent ensemble : " Qu'est-ce qu'il y a, Théophraste ? Je ne t'ai jamais entendu parler ainsi auparavant ! *Je n'aurais pas dû reconnaître ta voix !*"

" Ah ! et que te disait-il ? "

"Nous arrivions juste au bout de la rue de Paris. Vous connaissez le passage qu'on appelle rue de Paris à la Conciergerie ?"

"Oui, oui : continuez !"

"Nous étions en haut de cet affreux passage noir où se trouve la grille derrière laquelle on coupait les cheveux des femmes avant de les guillotiner. C'est la grille d'origine, vous savez."

"Oui, oui : continuez !"

"C'est un passage dans lequel ne pénètre jamais un rayon de soleil. Vous savez que Marie-Antoinette est morte par ce passage ?"

"Oui, oui : stop à Marie-Antoinette !"

"Voilà la vieille Conciergerie dans toute son horreur... Alors le monsieur au parapluie vert m'a dit : ' *Zounds ! C'est Straw Alley !*'"

" Il a dit ça ? Tu es sûr ? A-t-il vraiment dit ' *Zounds* ' ?"

"Oui Monsieur."

"Eh bien, après tout, il n'y a rien de très remarquable dans ses paroles : ' *Zounds ! C'est Straw Alley !*'"

"Mais attendez un peu, monsieur", dit le guide avec encore plus d'animation. « J'ai répondu qu'il avait tort, que Straw Alley était ce que nous appelons aujourd'hui « la rue de Paris ». Il a répondu de cette voix étrange : " *Zounds ! Tu vas m'apprendre l'Allée de la Paille ? Eh bien, j'ai dormi sur la paille là-bas, comme les autres !* " dis-je en riant, même si je me sentais un peu mal à l'aise, que personne avait dormi dans Straw Alley pendant plus de deux cents ans.

"Et qu'a-t-il dit à ça ?"

" Il allait répondre quand sa femme intervint et lui dit : 'De quoi parles-tu, Théophraste ? Vas-tu enseigner son métier au guide alors que tu n'es jamais allé à la Conciergerie de ta vie ?' Puis il dit, mais de sa voix naturelle, celle avec laquelle il parlait depuis leur arrivée : "C'est vrai. Je ne suis jamais allé à la Conciergerie de ma vie."

"Qu'a-t-il fait alors ?"

"Rien. Je ne pouvais pas expliquer l'incident, et j'y ai réfléchi, quand quelque chose d'étrange s'est produit encore. Nous avions visité la cellule de la Reine, et la cellule de Robespierre, et la chapelle des Girondins, et cette petite porte par laquelle les prisonniers de Septembre est allé se faire massacrer au tribunal ; et nous étions revenus dans la rue de Paris. A gauche, il y a un petit escalier que personne ne descend jamais, car il mène aux caves ; et la seule chose à voir. dans les caves c'est la nuit éternelle qui y règne. La porte au bas de celle-ci est faite de barreaux de fer, d'une grille vieille peut-être de mille ans, ou même plus. Le monsieur qu'on appelait Adolphe se dirigeait avec la dame vers la porte. de la salle des Gardes, quand, sans un mot, le monsieur au parapluie vert dévalait le petit escalier et criait du bas de celui-ci de cette voix étrange dont je vous parlais :

"'Salut ! Où vas-tu ? *C'est par là !* '

« L'autre monsieur, la dame et moi-même nous sommes arrêtés nets comme si nous avions été transformés en pierre. Je dois vous dire, monsieur, que sa voix était parfaitement horrible ; et il n'y avait rien dans son apparence qui permettait de s'attendre à une telle voix. J'ai couru, comme malgré moi, jusqu'en haut de l'escalier. L'homme au parapluie vert m'a jeté un regard flétri. En vérité, j'étais abasourdi, transformé en pierre et abasourdi; et quand il m'a crié : "Ouvre cette grille ! Je ne sais pas comment j'ai trouvé la force de dévaler l'escalier et de l'ouvrir. Puis, quand la grille s'est ouverte, il s'est plongé dans la nuit des caves. Où est-il allé ? Comment a-t-il trouvé son chemin ? Ce sous-sol de la Conciergerie est plongé dans une obscurité terrible que rien n'a brisée depuis des siècles. »

"Tu n'as pas essayé de l'arrêter ?" Dis-je sèchement.

"Il était allé trop loin, et je n'avais pas la force de l'arrêter. *L'homme au parapluie vert se contentait de me donner des ordres* , et je devais lui obéir. Et nous sommes restés là pendant un quart d'heure, à moitié hors de propos. notre esprit : c'était si étrange. Et sa femme a parlé, et son ami a parlé, et j'ai parlé ; et nous n'avons rien dit d'aucune utilité ; et nous avons regardé dans l'obscurité jusqu'à ce que nos yeux nous fassent mal. Soudain, nous avons entendu sa voix - pas sa première voix, mais sa deuxième voix, la voix affreuse - et j'étais tellement bouleversée que j'ai dû m'accrocher aux barreaux de la porte.

« C'est toi, *Simon l'Auvergnat ?* » s'écria-t-il.

" Je n'ai rien répondu ; et tandis qu'il passait devant moi, j'ai cru qu'il mettait un morceau de papier dans sa poche de poitrine. Il a grimpé l'escalier trois marches à la fois ; et nous sommes montés après lui. Il n'a rien proposé. aucune explication ; et j'ai simplement couru pour leur ouvrir la porte de la prison. Je voulais voir leur dos. Lorsque le guichet a été ouvert et que l'homme au parapluie vert franchissait le seuil, il a dit, sans aucune raison que je puisse comprendre. voir:

"' *Il faut éviter la roue.* '

"Il n'y avait pas de passage de voiture."

# CHAPITRE II

## LES DÉCHETS DE PAPIER

Ce qui est arrivé? La question est très obscure. Je ne peux faire mieux que d'en rapporter le récit de Théophraste Longuet dans les mots mêmes de ses mémoires dans la boîte en bois de santal.

"Je suis un homme avec un esprit sain dans un corps sain", écrit-il, "et un bon citoyen : c'est-à-dire que je n'ai jamais transgressé la loi. Les lois sont nécessaires ; et je les ai toujours respectées. Du moins je crois que je avoir.

" J'ai toujours haï l'imagination ; et j'entends par là qu'en toutes circonstances, qu'il s'agisse, par exemple, de conférer mon amitié à quelqu'un ou de devoir décider d'une ligne de conduite, j'ai toujours été en prenant soin de m'en tenir au bon sens. Le plus simple m'a toujours semblé le meilleur.

« J'ai profondément souffert, par exemple, lorsque j'ai découvert que mon vieil ami du Collège Adolphe Lecamus était accro à l'étude du spiritualisme.

" Celui qui dit Spiritualisme dit des bêtises. Vouloir interroger les esprits en tournant des tables est tout à fait absurde. Je sais de quoi je parle, car, voulant prouver les absurdités de ses théories, j'ai participé à des séances avec Adolphe et mes amis. Nous étions assis des heures autour d'une petite table qui refusait absolument de tourner. Je me moquais de lui de bon cœur, et cela agaçait ma femme, car les femmes sont toujours prêtes à croire à l'impossible et au mystérieux.

" Il lui apportait des livres qu'elle lisait avidement ; et parfois il s'amusait à essayer de l'endormir en lui faisant des passes devant son visage. Je n'ai jamais rien vu de plus niais. Je n'aurais en effet pas supporté cela à quelqu'un d'autre ; mais j'ai un fort goût pour Adolphe : il a une figure puissante, et il a été un grand voyageur .

" Lui et Marceline m'ont traité de sceptique. J'ai répondu que je n'étais pas un sceptique au sens d'un homme qui ne croit à rien ou doute de tout. Je crois à tout ce qui est digne de foi ; par exemple, je crois au Progrès. Je ne suis pas un sceptique ; je suis un philosophe.

« Durant ses voyages, Adolphe lisait beaucoup ; je fabriquais des tampons. Je suis ce qu'on appelle « un esprit terrestre ». Je ne m'en vante pas, je me contente de l'énoncer.

" J'ai cru bon de donner cette esquisse de mon caractère pour bien faire comprendre que ce qui s'est passé hier n'est pas de ma faute. J'ai été voir la prison comme j'aurais pu aller acheter une cravate au Louvre. J'ai voulu J'ai beaucoup de temps libre aujourd'hui, depuis que nous avons vendu l'entreprise. J'ai dit : « Faisons comme les Anglais et voyons les curiosités de Paris. C'est par hasard que nous avons commencé par la Conciergerie.

"Je suis vraiment vraiment désolé de ce que nous avons fait.

"Suis-je vraiment vraiment désolé ? Je ne suis pas sûr. Je ne suis sûr de rien. Pour le moment, je suis assez calme. Et je vais écrire ce qui s'est passé exactement comme si c'était arrivé à quelqu'un d'autre. Tout de même, qu'est-ce qui s'est passé ? " c'est une histoire !

"Pendant que nous traversions les tours, il ne s'est rien passé qui mérite de s'arrêter ici. Je me souviens m'être dit dans la tour Bon Bec :

" " Quoi, est-ce ici, dans cette petite chambre qui ressemble à une épicerie, qu'il y a eu tant d'agonies et tant de victimes illustres martyrisées ?

« J'ai essayé honnêtement de me représenter l'horreur de cette chambre lorsque le bourreau et ses assistants avec leurs horribles instruments venaient vers les prisonniers avec l'intention de les forcer à avouer des crimes affectant l'État. Mais à cause des petites étiquettes sur les tiroirs, sur lequel on lit « Séné », « Houblon », je n'ai pas réussi.

"Cette tour du Bon Bec ! On l'appelait aussi *Le Prattler* à cause des cris horribles qui en jaillissaient et faisaient frémir et hâter le pas le long du quai au bruit de la justice du Roi.

"Maintenant, la tour Bon Bec est paisible et très calme. Je ne m'en plains pas : c'est le Progrès.

« Mais lorsque nous pénétrâmes dans cette partie de la Conciergerie qui n'a guère changé depuis des siècles et que nous marchions tranquillement entre ces murs de pierre nue qu'aucun parement neuf, aucun enduit profane n'a jamais recouverts, une fièvre inexplicable commença à me remplir les veines ; et quand nous étions dans l'obscurité au bout de Straw Alley, j'ai crié : " *Zounds ! C'est Straw Alley !* "

" Aussitôt, je me tournai pour voir qui avait prononcé ces mots. Ils me regardaient tous ; et je m'aperçus clairement que je les avais prononcés moi-même. En effet, ma gorge tremblait encore à cause de leurs paroles.

" L'idiot d'un guide affirmait que nous avions dépassé Straw Alley. Je l'ai contredit ; et il s'est tu. J'étais sûr de mes faits, n'est-ce pas, bien sûr que c'était Straw Alley. Je lui ai dit que j'avais dormi sur le trottoir. de paille dedans. Mais c'est absurde. Comment pensez-vous que j'aurais pu dormir sur de la paille dans Straw Alley alors que c'était la première fois que j'allais à la Conciergerie ? D'ailleurs, en étais-je sûr ? C'est ce qui m'inquiète. J'avais un mal de tête atroce.

"Mon front brûlait même lorsque je le sentais balayé par un fort courant d'air froid. Dehors, j'étais frais ; à l'intérieur, j'étais une fournaise.

" Qu'avions-nous fait ? J'avais un instant auparavant marché tranquillement dans la chapelle des Girondins ; et pendant que le guide nous en racontait l'histoire, je jouais avec mon parapluie vert. Je n'étais pas du tout ennuyé d'avoir justement " Je me suis comporté si bizarrement. J'étais mon moi naturel. Mais quant à cela, je n'ai jamais cessé d'être mon moi naturel.

"Ce qui m'est arrivé plus tard était également tout à fait naturel, car ce n'était le résultat d'aucun effort. Ce qui n'est pas naturel est exactement ce qui ne m'est pas arrivé.

"Je me souviens m'être retrouvé au bas d'un escalier, devant une grille. J'étais doté d'une vigueur surhumaine ; je secouais la grille et criais : 'Par ici !' Les autres, *qui ne le savaient pas* , tardaient à venir. Je ne sais pas ce que j'aurais fait à la grille, si le guide ne me l'avait pas déverrouillée. D'ailleurs, je ne sais pas ce que j'aurais dû faire à la grille. guide. J'étais fou. Non : je n'ai pas le droit de dire ça. Je n'étais pas fou, et c'est bien dommage. C'est pire que si j'avais été fou.

" Sans doute j'étais dans un état de grande excitation nerveuse ; mais mon esprit était tout à fait lucide. Je ne crois pas avoir jamais vu aussi clairement ; et pourtant j'étais dans le noir. Je ne crois pas avoir jamais eu des souvenirs plus clairs. ; et pourtant j'étais dans un endroit que je ne connaissais pas. Ciel ! Je ne l'ai pas reconnu et *je l'ai reconnu !* Je n'ai pas hésité sur mon chemin. Mes mains tâtonnantes ont trouvé les pierres qu'elles tendaient dans l'obscurité pour les trouver ; et mes pieds foulaient un sol qui ne pouvait leur être étranger.

"Qui pourra un jour dire l'âge de ce sol ; qui pourra un jour vous dire l'âge de ces pierres ? *Je ne le sais pas moi-même.* On parle de l'origine du palais. Quelle est l'origine du vieux palais franc ? Ils pourront peut-être dire quand ces pierres finiront, ils ne pourront jamais dire quand elles ont commencé. Et elles sont oubliées, ces pierres, dans la nuit millénaire des caves. Ce qui est étrange, c'est que Je m'en souvenais.

"Je me suis glissé le long des murs humides comme si le chemin m'était bien connu. Je m'attendais à certains endroits accidentés du mur; et ils m'arrivaient au bout des doigts; j'ai compté les bords des pierres et j'ai su qu'à la fin d'un certain nombre, je n'eus qu'à me retourner pour voir au fond d'un couloir *un rayon que le soleil y avait oublié depuis le début de l'histoire de Paris* . Je me retournai et vis ce rayon ; *et je sentis mon cœur battre fort de le fond des siècles* . »

M. Longuet interrompt un moment son récit pour décrire le tourbillon de son esprit pendant cette heure singulière. Il a la plus grande difficulté à rester maître de sa pensée, la plus grande difficulté à la suivre. Il s'élance devant lui comme un cheval s'élançant dont il aurait lâché les rênes. Elle le laisse derrière elle et bondit en avant, laissant sur le papier, comme traces de son passage, des mots d'une telle profondeur que lorsqu'il les regarde, dit-il, elles lui donnent le vertige.

Et il ajoute, dans un paroxysme d'effroi :

"Il faut s'arrêter au bord de ces mots comme on s'arrête au bord d'un précipice."

Et il guide la plume d'une main fiévreuse, tandis qu'il continue de s'enfoncer au fond de ces galeries souterraines :

" Et c'est le Prattler ! Ce sont les murs qui ont entendu ! Ce n'est pas là-haut, au soleil, que le Prattler a parlé ; c'est ici, dans cette nuit des enfers. Voici les anneaux dans les murs. Est-ce la bague de Ravaillac ?... *je ne m'en souviens plus.*

« Mais vers le rayon, vers le rayon unique, immobile et éternel, le rayon faible et carré, qui depuis le commencement des siècles a pris et conservé la forme du trou d'air, j'avance ; j'avance en trébuchant, tandis que le la fièvre me consume, me brûle et me donne le vertige. Mes pieds s'arrêtent, mais avec un tel choc qu'on les croirait attrapés par des mains invisibles, levées du sol; mes doigts courent sur le mur, tâtonnant et tâtonnant cet endroit du mur. " Que veulent mes doigts ? Que pensent mes doigts ? J'avais un canif dans ma poche ; et tout à coup j'ai laissé tomber mon parapluie vert par terre pour sortir mon canif de ma poche. Et je gratté, avec certitude, entre deux pierres. J'ai enlevé la poussière et le mortier entre deux pierres. Puis mon couteau a percé un objet entre les deux pierres et l'a fait ressortir.

"C'est pourquoi je sais que je ne suis pas fou. Cette chose est sous mes yeux. Dans mes heures les plus calmes, moi, Théophraste Longuet , je peux la regarder sur mon bureau entre mes derniers modèles de tampons en caoutchouc. Ce n'est pas moi qui suis fou. C'est cette chose qui est folle, c'est un bout de papier déchiré et taché, un document dont on ne peut dire l'âge et qui est en tout point de nature à plonger un tranquille fabricant de tampons en caoutchouc dans la plus folle consternation. , comme vous pouvez le deviner, est pourri par l'humidité des caves. L'humidité a rongé la moitié des mots, qui semblent, à leur teinte rouge, avoir été écrits avec du sang.

"Mais dans ces mots devant moi, dans ce document qui a certainement été écrit il y a deux siècles, que je passais sous le rayon carré du trou d'air et que je regardais avec mes cheveux dressés avec horreur, J'AI RECONNU MA PROPRE ÉCRITURE ."

Voici copié clairement ce document précieux et mystérieux :

"J'ai récupéré
mes trésors après la trahison du 1er avril. Allez prendre l'air aux

Chopinettes
regardez au Gall
regardez au CockDig sur place et vous serez riche."

# CHAPITRE III

## LE LONGUET DE THÉOPHRASTE ÉCLATE EN CHANSON

A la sortie de la prison, Marceline et Adolphe furent, tout naturellement, pleins de curiosité de connaître les raisons de la conduite extraordinaire de Théophraste ; et il eut la plus grande difficulté à les éloigner du sujet. Il traita l'affaire avec légèreté, déclarant que le caprice lui avait pris de visiter les caves de la Conciergerie ; et il leur avait rendu visite. Ils furent encore plus impressionnés par son attitude à l'égard du guide que par sa véritable plongée dans les caves. Que Théophraste, le timide Théophraste, ait intimidé non pas un simple homme, mais un fonctionnaire, les étonnait. Théophraste avoue qu'il était aussi étonné qu'eux et qu'il se sentait plutôt fier de lui. Toute la soirée, ils revinrent sur ce sujet jusqu'à ce que leur étonnement et leur intérêt commencent à faiblir par le simple fait de continuer à s'exprimer. Mais Théophraste fut vraiment heureux quand le sommeil lia enfin la langue de Marceline.

Le lendemain, il s'enferma dans son cabinet sous prétexte de redresser ses comptes. Sa fenêtre donne sur la petite pelouse au milieu de la place d'Anvers ; et il se pencha par-dessus le rebord, contemplant la réalité prosaïque de la scène comme s'il n'en avait jamais assez. Il était surtout content des nourrices qui promenaient leurs bébés dans des poussettes et des cris des enfants qui s'ébattaient sur la place.

Sa pensée était d'une grande unité et d'une grande simplicité. Elle était entièrement contenue dans la phrase : « Le monde n'a pas changé ».

Non : le monde n'a pas changé. Il y avait les bébés dans les poussettes ; et comme l'horloge sonnait deux heures, la Signora Petito , épouse du professeur d'italien qui occupait l'appartement au-dessus du sien, commença à jouer *Le Carnaval de Venise* .

Non : rien au monde n'avait changé ; pourtant, lorsqu'il se retourna, il aperçut sur son bureau, parmi les modèles de tampons, un bout de papier.

Ce bout de papier existait-il *vraiment* ? Il avait passé une nuit fiévreuse, presque une nuit de délire ; et à la fin, il avait décidé que son étrange aventure devait être un mauvais rêve. Mais le matin, il avait trouvé le bout de papier dans un tiroir de son bureau...

Même maintenant, il se répétait : « Je vais me retourner tout à l'heure, et le bout de papier ne sera pas là. » Il se retourna ; et le bout de papier était là — *avec sa propre écriture* .

Il passa la main sur son front en sueur et poussa un soupir d'enfant affligé. Puis il parut prendre une décision définitive et mit soigneusement le bout de papier dans son portefeuille. Il venait de se rappeler que Signor Petito avait une grande réputation d'expert en écriture. Son ami Adolphe était également un expert en écriture, mais du point de vue spiritualiste. Il l'a dit au personnage. Théophraste n'avait pas l'intention de convoquer Adolphe en conseil. Il y avait déjà trop de mystère dans l'affaire pour la confier à l'imagination débordante d'un médium qui se vantait d'être l'élève d'un Papus .

Il monta lentement les escaliers et fut introduit dans le bureau du signor Petito .

Il se trouva en présence d'un homme d'âge moyen, dont les principales caractéristiques étaient une masse de cheveux noirs et crépus, un regard perçant et des oreilles énormes. Après avoir échangé leurs salutations, Théophraste aborde le sujet du bout de papier. Il l'a tiré de son portefeuille et d'une lettre non signée qu'il avait écrite quelques jours auparavant.

" Signor Petito , " dit-il, " je comprends que vous êtes un expert de premier ordre en écriture. Je vous serais très obligé si vous vouliez examiner cette lettre et ce document, et m'informer du résultat de votre examen. Je m'affirme qu'il n'y a aucun lien—"

Il s'arrêta net, rouge comme une pivoine, car il n'avait pas l'habitude de mentir. Mais le signor Petito avait déjà scanné la lettre et le bout de papier avec un œil d'expert ; et avec un sourire qui montrait toutes ses dents extrêmement blanches, il dit :

" Je ne vous ferai pas attendre ma réponse, M. Longuet . Le document est en très mauvais état ; mais les fragments d'écriture qu'on peut lire sont en tous points les mêmes que l'écriture de la lettre. Devant les Tribunaux, M. Longuet , devant Dieu et devant les hommes, ces deux écritures ont été tracées *de la même main !* » Il posa la main sur son cœur d'un grand air.

Il entra dans le détail : un enfant, déclara-t-il, ne pouvait pas s'y tromper. Il est devenu oraculaire.

"L'écriture dans les deux cas est également anguleuse", dit-il d'un ton très pompeux. " Par angulaire, M. Longuet , on désigne une écriture dans laquelle les traits fins qui joignent les traits des lettres et les lettres entre eux font un angle aigu. Vous comprenez ? Regardez ce crochet, et celui-là, et celui-ci. trait fin, et toutes ces lettres qui augmentent progressivement dans des proportions égales. Mais quelle écriture aiguë, M. Longuet ! Je n'ai jamais vu une écriture aussi aiguë : *elle est aussi tranchante que la lame d'un couteau* !

À ces derniers mots, Théophraste devint si pâle que le signor Petito crut qu'il allait s'évanouir. Néanmoins, il prit la lettre et le document, remercia le signor Petito et sortit de l'appartement.

Il sortit directement de la maison et erra longtemps dans les rues. Il se retrouva enfin place Saint-André-des-Arts ; puis il se dirigea vers Suger Street et ouvrit le loquet d'une porte démodée. Il se retrouva dans un passage sombre et sale. Un homme descendit à sa rencontre, le reconnut et le salua.

"Comment vas-tu, Théophraste ? Quel bon vent souffle ici ?" dit-il d'un ton affectueux.

"Comment vas-tu, Ambroise ?" » dit Théophraste sombrement.

Comme ils ne s'étaient pas vus depuis deux ans, ils avaient cent questions à se faire mutuellement. Ambroise était graveur de cartes de visite de profession. Il avait été imprimeur en province ; mais après avoir investi tout son capital dans une nouvelle invention en matière d'imprimerie, il ne lui fallut pas longtemps avant de se trouver en faillite. C'était un cousin de Marceline ; et Théophraste, qui était une bonne âme, était venu à son secours au moment de son plus grave malheur.

Théophraste s'assit sur une chaise en paille, dans une petite pièce qui servait d'atelier et qui était éclairée par une grande lucarne poussiéreuse au plafond.

"Vous êtes un scientifique, Ambrose", dit-il toujours sombrement.

"Rien de la sorte!" » dit rapidement Ambroise.

"Oui, vous l'êtes. Personne ne pourrait vous apprendre quoi que ce soit en matière de papier."

"Oh oui : c'est vrai. Je connais le papier."

"Vous connaissez tous les papiers", dit Théophraste.

"Tous", dit Ambrose avec une modeste fierté.

"Si on vous montrait un morceau de papier, vous pourriez en connaître l'âge ?"

— Oui, j'ai publié une monographie sur les filigranes des papiers utilisés en France aux XVIIe et XVIIIe siècles. L'Académie l'a couronnée.

"Je le sais. Et j'ai toute confiance dans votre connaissance des papiers", dit Théophraste avec une tristesse imperturbable.

" C'est bien fondé ; mais en réalité c'est une affaire très simple. Les papiers les plus anciens présentaient d'abord, lorsqu'ils étaient neufs, une surface lisse et brillante. Mais bientôt y apparurent des traces de fils, traversées à intervalles réguliers par des lignes perpendiculaires, toutes deux reproduisant l'impression du treillis métallique sur lequel était étalée la pâte. Au XIVe siècle, on eut l'idée d' utiliser cette reproduction en y faisant une marque de la provenance ou de l'usine d'où provenait le papier. Dans ce but, ils brodèrent en fil de laiton sur le moule en treillis , des initiales, des mots et toutes sortes d'emblèmes : ce sont les filigranes. Chaque feuille de papier filigranée porte en elle son acte de naissance ; mais la difficulté est de le déchiffrer. un peu de pratique : le pot, l'aigle, la cloche..."

Théophraste ouvrit son portefeuille et lui tendit son morceau de papier avec des doigts tremblants.

« Pourriez-vous me dire l'âge exact de ce document ? il a dit.

Ambrose a mis ses lunettes et a tenu le journal devant la lumière.

"Il y a un rendez-vous", dit-il. "172... Il manque le dernier chiffre. Ce serait donc un journal du XVIIIe siècle. Étant donné la date dans les dix ans, notre tâche devient très simple."

"Oh, j'ai vu la date", dit rapidement Théophraste. "Mais est-ce vraiment un journal du XVIIIe siècle ? La date n'est-elle pas fausse ? C'est ce que je veux savoir."

Ambrose désigna le milieu du morceau.

"Ecoute," dit-il.

Théophraste regarda ; mais il n'a rien vu. Alors Ambroise alluma une petite lampe et jeta sa lumière sur le document. En tenant le morceau de papier entre les yeux et la lampe, on distinguait au milieu de celle-ci une sorte de couronne.

« Ce papier est extrêmement rare, Théophraste ! s'écria Ambroise avec une excitation considérable. "Ce filigrane est presque inconnu, car très peu d'exemplaires ont été fabriqués. Le filigrane s'appelle 'La Couronne d'épines'. Ce papier, mon cher Théophraste, date exactement de l'année 1721. »

"Tu en es sûr ?"

"Absolument. Mais comment se fait-il que ce document, daté de 1721, soit, dans toutes les parties visibles, de votre écriture ?" s'écria Ambroise d'un ton étonné.

Théophraste se leva, remit le document dans son portefeuille et sortit en trébuchant, sans répondre.

Je reproduis du mélange de documents dont sont composés ses mémoires le passage suivant :

« Ainsi maintenant, écrit Théophraste, j'en avais la preuve ; je ne pouvais plus douter ; je n'avais plus le droit de douter. Ce bout de papier qui datait du début du XVIIIe siècle, du temps du Régent, cette feuille que j'avais trouvée, ou plutôt que *j'étais allé chercher* dans une prison, était bien de ma propre écriture. J'avais écrit sur cette feuille, moi, Théophraste Longuet , défunt fabricant de tampons en caoutchouc, qui n'avais pris sa retraite que la semaine précédente : à l'âge de quarante et un ans, j'avais écrit sur cette feuille les mots encore incompréhensibles que j'y lisais, en 1721 ! D'ailleurs, je n'avais pas vraiment besoin du Signor Petito , ni d'Ambroise, pour m'en assurer. Tout mon être a crié : "C'est votre journal ! C'est votre journal !"

"Ainsi, avant d'être Théophraste Longuet , le fils de Jean Longuet , maraîcher à Ferté -sous- Jouarre , j'avais été autrefois quelqu'un que je ne connaissais pas, mais qui renaissait en moi. Oui : de temps en temps et puis j'ai « écumé » en me rappelant que j'ai vécu il y a deux cents ans !

"Qui étais-je ? Quel était alors mon nom ? J'avais une étrange certitude que ces questions ne resteraient pas longtemps sans réponse. N'était-il pas vrai que déjà des choses que j'ignorais dans mon existence présente surgissaient de mon passé ? Que signifiaient certaines phrases que j'avais prononcées à la Conciergerie ? Qui était Simon l'Auvergnat, dont le nom était monté deux fois à mes lèvres brûlantes ?

"Oui, oui : le nom d'il y a longtemps, *mon* nom, remonterait aussi à mon cerveau en éveil ; et sachant qui j'étais, je devrais me souvenir de toute ma vie réincarnée dans le passé et lire le document d'un coup d'œil."

Théophraste Longuet pourrait bien avoir l'esprit troublé. C'était une âme simple, plutôt dense, satisfaite d'elle-même, qui n'avait jamais cru qu'à des tampons en caoutchouc. Commerçant de bonne humeur, strictement honnête, borné et obstiné, comme la plupart de sa classe en France, il avait considéré la religion comme réservée aux femmes ; et sans se déclarer incroyant, il avait coutume de dire que lorsqu'on mourait, on était mort depuis longtemps.

Il venait d'apprendre de la manière la plus convaincante et la plus palpable qu'on *n'était jamais mort* .

C'était effectivement un coup dur. Mais il l'a très bien pris. À partir du moment où il se rappelait avoir vécu au début du XVIIIe siècle, il commença à regretter que ce ne soit pas deux mille ans plus tôt.

C'est la nature du commerçant français ; il est plein de bon sens ; mais quand il exagère, il dépasse toutes les limites.

Dans son incertitude sur son existence antérieure , il partait de deux faits précis : la date de 1721 et la prison de la Conciergerie. Celles-ci lui permettent d'affirmer qu'en 1721 il avait été incarcéré à la Conciergerie comme prisonnier d'État : il ne pouvait admettre un seul instant que même aux mauvais temps de Louis XV, lui, Théophraste Longuet , aurait pu être en prison pendant un certain temps. infraction à la Common Law.

Encore une fois, le bout de papier donnait matière à certaines déductions. Dans une conjoncture désespérée, peut-être à la veille de son exécution, il l'avait écrit et caché dans le mur, pour le retrouver lors d'une visite passagère, deux siècles plus tard. Il n'y avait là rien de surnaturel ; c'était simplement l'explication logique des faits de la cause.

Il se remit à examiner le document. Deux mots lui paraissaient naturellement d'une importance capitale. C'étaient les mots « Trahison » et « Trésors ».

Il espérait, à partir de ces deux mots, reconstituer sa personnalité antérieure. En premier lieu, il était évident qu'il avait été riche et puissant. Seuls les hommes riches enterrent les trésors ; seuls les hommes puissants sont trahis. Il lui semblait qu'il s'agissait d'une trahison mémorable, peut-être historique, de *la trahison du 1er avril* .

Quoi qu'il y ait d'autre de mystérieux dans le document, il était clair qu'il avait été un grand personnage et qu'il avait enfoui des trésors.

"Par jupiter!" il s'est dit. "Pourvu que personne n'y ait touché, ces trésors m'appartiennent ! S'il le fallait, avec ce document de ma propre main, je pourrais établir mon droit sur eux."

Théophraste n'était pas un homme riche. Il s'était retiré des affaires avec une compétence moyenne : une chaumière à la campagne, avec son petit jardin, sa fontaine et sa pelouse. Ce n'était pas grand-chose, avec les extravagances occasionnelles de Marceline. Décidément, les trésors seraient très utiles.

En même temps , il faut lui reconnaître le mérite de s'intéresser bien plus au mystère de sa personnalité qu'au mystère des trésors. Il décida d'ajourner sa recherche jusqu'à ce qu'il puisse donner un nom définitif au personnage qui avait été Théophraste en 1721. À son avis, cette découverte, qui l'intéressait au premier chef, serait la clé de tout le reste.

Il fut quelque peu étonné par la disparition soudaine de ce qu'il appelait son « instinct historique ». Cela lui avait fait défaut au début de sa vie ; mais elle s'était révélée à lui dans les caves de la Conciergerie avec la soudaineté et l'emphase d'un coup de tonnerre. Pendant un temps, l'Autre (il appelait dans son esprit « l'Autre » le grand personnage qu'il avait été au XVIIIe siècle) s'était emparé de lui. L'Autre avait été si complètement maître de lui qu'il avait agi avec les mains de l'Autre et parlé avec sa voix. C'était l'Autre qui avait trouvé le document. C'était l'Autre qui avait crié : « *Zounds ! C'est l'Allée de la Paille !* » C'était l'Autre qui avait appelé *Simon l'Auvergnat* et qui avait ensuite disparu. Théophraste ne savait pas ce qu'il était devenu. Il chercha en vain. Il s'est sondé, sondé au plus profond de son être. Rien!

Théophraste ne le supporterait pas. Il n'avait été troublé toute sa vie par aucune curiosité malsaine pour le début ou la fin des choses ; il n'avait pas perdu de temps sur les mystères de la philosophie. Il avait haussé les épaules devant leur futilité. Mais depuis la révélation du fait extraordinaire qu'un homme vendait des tampons en caoutchouc en 1911 après avoir enterré des trésors en 1721, il a juré d'aller jusqu'au bout de l'affaire. Il le saurait. Il saurait tout.

Son « instinct historique » semblait l'avoir momentanément abandonné, il le chercherait dans les livres. Il finirait assurément par découvrir qui était le mystérieux personnage enfermé à la Conciergerie en 1721 après avoir été trahi le 1er avril. Quel premier avril ? Cela restait à découvrir.

Même si la vente de tampons en caoutchouc convient à l'homme pour la recherche historique, il se rendit dans les bibliothèques et partit à la recherche de ce personnage. Il a étudié la vie des principaux hommes de l'époque. Depuis qu'il y était, rien n'était trop grand pour lui : princes, pairs, hommes d'État et généraux, il étudiait la vie de chacun. Il s'arrêta un moment auprès du grand financier Law, mais le trouva trop dissipé ; la même objection s'appliquait au comte du Barry ; et il était franchement horrifié à l'idée qu'il aurait pu être le comte de Charolais, réputé pour ses débauches, dont le passe-temps était de fusiller les chaumiers travaillant sur les toits des maisons. Il fut pendant quarante-huit heures le cardinal de Polignac avant d'apprendre avec dégoût que ce grand ecclésiastique n'avait pas été un homme d'une vertu sans tache. Chaque fois qu'il rencontrait un personnage que les historiens peignaient des couleurs les plus engageantes et paré des vertus les plus solides, ce personnage lui désobligeait invariablement de n'avoir pas été enfermé à la Conciergerie ni trahi le premier avril.

Pourtant il venait de découvrir, *dans le Journal de Barbier*, un favori du Régent qui, curieusement, était exactement l'homme qu'il recherchait, lorsqu'un développement de son cas survint qui le plongea dans une profonde consternation.

Il avait envoyé Marceline dans sa maison de campagne des bords de la Marne, où ils avaient l'habitude de se rendre au début de juillet ; et Adolphe était descendu à l'auberge du village pour l'aider à mettre de l'ordre pour leur séjour. Leur absence lui laissait plus de liberté pour poursuivre ses recherches. Puis, le matin de l'anniversaire de son mariage, il descendit les rejoindre à la chaumière. Il l'avait appelée « Villa des Vagues d'Azur », malgré les remontrances d'Adolphe, qui avait soutenu qu'un tel nom ne convenait qu'à une chaumière au bord de la mer. Théophraste avait été ferme sur ce point car, déclarait-il, il était souvent allé au Tréport et la mer était toujours verte ; tandis qu'en pêchant le goujon dans la Marne, il avait fréquemment observé que ses vagues étaient bleues.

Il trouva sa femme et son ami qui l'attendaient avec impatience sur le seuil ; et comme d'un air de favori du Régent, il complimentait Marceline sur sa charmante apparence, il agitait gracieusement son parapluie vert, dont il se laissait rarement séparer, de la façon dont il croyait que les dandys agitaient leurs cannes. le début du XVIIIe siècle.

Il trouva la maison dans le stress des préparatifs du dîner d'anniversaire, auquel plusieurs de ses amis du quartier amenaient leurs femmes pour faire honneur à Théophraste et Marceline.

Toujours favori du Régent, au grand étonnement de Marceline et d'Adolphe, il trouva quelques gracieuses paroles de compliment pour chaque invité. Aucun d'eux ne l'avait jamais vu aussi brillant en tant qu'hôte auparavant.

Ils dînèrent sous une tente dans le jardin ; et la conversation tourna aussitôt vers la pêche, un sport auquel ils étaient tous dévoués ; et ils ont fait de leur mieux pour être précis sur leurs exploits. M. Lopard avait pris un brochet de trois livres ; vieille Mlle. Taburet se plaignait amèrement qu'on pêchât dans sa mare préférée ; un troisième a déclaré que les poissons étaient suralimentés ; et il y eut une longue discussion sur l'amorce.

Théophraste ne dit rien : il trouva soudain ces braves gens trop bourgeois pour lui. Il aurait aimé élever le niveau de la conversation ; et il aurait préféré qu'il traite des sujets qui remplissaient son imagination enfiévrée.

Vers la fin du dîner , il trouva le moyen de faire parler Adolphe de fantômes. Alors madame Lopard leur raconta les agissements extraordinaires d'un somnambule qui habitait à proximité ; et aussitôt Adolphe expliqua les phénomènes du somnambulisme selon la théorie spiritualiste, et cita Allan Kardec . Adolphe n'était jamais embarrassé pour expliquer les « phénomènes ». Puis, enfin, ils arrivèrent au sujet auquel Théophraste brûlait de les amener, la transmigration des âmes.

Marceline observait que notre raison rejetait l'hypothèse ; et Adolphe protesta vigoureusement : « Rien n'est perdu dans la nature », dit-il avec autorité. "Tout se transforme, les âmes comme les corps. La transmigration des âmes en vue de leur purification est une croyance qui remonte à la plus haute antiquité ; et les philosophes de tous les temps se sont bien gardés de la nier."

"Mais si on revenait dans un corps, on le saurait", dit Marceline.

— Pas toujours, parfois seulement, dit Adolphe avec assurance.

"Parfois ? C'est vrai ?" » dit Théophraste rapidement ; et son cœur se mit à battre tumultueusement.

— Oh ! oui : il y a des instances, des instances authentiques, dit Adolphe avec insistance. "Ptolémée Césarion , fils de Cléopâtre et roi d'Egypte trente ans avant Jésus-Christ, se souvenait parfaitement qu'il avait été le philosophe Pythagore qui vécut six cents ans avant lui."

"Impossible!" s'écrièrent les dames ; et les hommes souriaient d'un air de sagesse supérieure.

— Il n'y a pas de quoi rire, messieurs. C'est le sujet le plus sérieux du monde, dit sévèrement Adolphe. "La transformation actuelle de nos corps, qui est le dernier mot de la Science, est en plein accord avec la théorie de la Réincarnation. Qu'est-ce que cette théorie de la transformation, sinon que les êtres vivants *se transforment les uns dans les autres ?* La nature se présente toujours à nous comme un flamme créatrice perfectionnant sans cesse les types, en route vers l'atteinte d'un idéal qui sera le couronnement final de la Loi du Progrès. Puisque la Nature n'a qu'un but, ce qu'elle fait pour les corps, elle le fait aussi pour les âmes. Je peux vous l'assurer. que c'est le cas, car j'ai étudié cette question, qui est le fondement même de toute science saine.

Aucun des convives ne comprit le discours d'Adolphe, ce qui le remplissait d'une tranquille fierté ; mais ils l'écoutaient avec extase ; et il fut heureux de voir que Théophraste, habituellement si rétif lors de telles discussions, écoutait avec le plus vif intérêt. C'était une attitude peu surprenante chez un homme qui entendait dire que ce qui semblait être une imagination folle de son délire reposait sur une base scientifique solide.

— La transmigration des âmes était enseignée dans l'Inde, berceau du genre humain, poursuivit Adolphe de son ton le plus professoral, ravi d'avoir retenu l'attention du parti. "Puis elle fut enseignée en Egypte, puis en Grèce par Pythagore. Platon lui prit la doctrine et apporta des preuves irréfutables dans son Phédon que les âmes ne passent pas en exil éternel mais reviennent animer de nouveaux corps."

"Oh, si seulement nous pouvions avoir des preuves d'un fait comme celui-là !" s'écria avec enthousiasme Mme Sampic , la femme du maître d'école de Pont-aux-Dames.

"Si nous l'avions fait, cela ne me dérangerait pas du tout de mourir", dit la vieille Mlle. Taburet , qui craignait mortellement sa fin prochaine.

— Il *y a* des preuves, des preuves irréfutables, dit solennellement Adolphe. "Il y en a deux : l'une tirée de l'ordre général de la Nature, l'autre de la conscience humaine. Premièrement, la Nature est régie par la loi des contradictions, dit Platon, signifiant par là que lorsque nous voyons en son sein la mort succéder à la vie, nous sommes obligés de crois que la vie succède à la mort. Est-ce clair pour toi ?

"Oui, oui", s'écrièrent plusieurs convives, sans comprendre un mot de ce qu'il disait.

" D'ailleurs, poursuit Platon, puisque rien ne peut naître de rien, si les êtres que nous voyons mourir ne revenaient jamais à la vie, tout finirait par s'absorber dans la mort, et la Nature se dirigerait vers un sommeil éternel. Ai-je fait cela première preuve claire ? »

"Oui, oui : la seconde !" s'écria ses confrères, tout à fait mensongères.

« Deuxièmement, dit Adolphe devenant absolument pontifical, quand, après avoir observé les lois générales de l'Univers, nous descendons au plus profond de notre être, nous trouvons le même dogme confirmé par le fait de la mémoire. ' crie Platon à l'Univers, 'Apprendre n'est rien d'autre que se souvenir.' Puisque notre âme apprend, c'est qu'elle se souvient. Et que se souvient-elle sinon qu'elle a vécu auparavant, et qu'elle a vécu dans un autre corps ? " Pourquoi ne croirions-nous pas cela en quittant le corps qu'elle anime en ce moment ? " , il doit en animer plusieurs autres successivement ? Je cite Platon mot pour mot, dit Adolphe d'un ton de triomphe retentissant.

"Et Platon est une personne avec laquelle il faut compter", dit chaleureusement Théophraste.

« Charles Fourier dit, dit Adolphe passant au moderne, où est le vieillard qui ne veut pas être sûr de porter dans une autre vie l' expérience qu'il a acquise dans celle-ci ? Affirmer que ce désir ne pourra jamais se rendre compte , c'est admettre que la Divinité nous tromperait. Il faut alors reconnaître que nous avons déjà vécu, avant d'être ce que nous sommes aujourd'hui, et que bien d'autres vies nous attendent. Toutes ces vies - ajoute Fourier avec une précision pour laquelle nous ne pouvons pas être assez reconnaissants - au nombre de cent dix sont répartis sur cinq étapes d'étendue inégale et couvrent une période de quatre-vingt-un mille ans.

" Quatre-vingt et un mille ans ! C'est plutôt satisfaisant ! " interrompit M. Lopard .

"Nous en dépensons vingt-sept mille sur notre planète et les cinquante-quatre mille autres ailleurs", explique Adolphe.

"Et combien de temps faudra-t-il avant que nous revenions dans un autre corps ?" demanda Mme Bache.

"Au moins deux ou trois mille ans, si l'on en croit Allan Kardec , en supposant toujours que nous ne soyons pas morts de mort violente. Alors, surtout si l'on a été exécuté, on pourra se réincarner au bout de deux cents ans." dit Adolphe.

"C'est ça ! Ils ont dû me pendre", se dit Théophraste. "Ou s'ils ne pendaient pas un homme de ma qualité, ils me décapitaient. Tout de même", pensa-t-il avec une fierté naturelle, "si ces gens ici savaient qu'ils étaient assis avec un favori du Régent." , ou peut-être un prince de sang royal, comme ils seraient étonnés et respectueux ! Mais pas du tout : ils se disent simplement : " C'est Théophraste Longuet , fabricant de tampons en caoutchouc " ; et cela leur suffit.

L'avènement des deux serveurs au champagne coupa court à la thèse d'Adolphe ; et même si tout le monde en avait été profondément impressionné, ils ne souhaitaient plus que s'amuser.

C'est alors que Marceline se tourna vers Théophraste et le pria de chanter la chanson avec laquelle il régalait leurs oreilles au dessert, à chaque anniversaire de leur mariage. Il l'avait chanté le jour même de leur mariage ; et grâce à son charme et sa fraîcheur, il avait eu un grand succès. C'était *la Lisette de Béranger*
.

Mais quelle ne fut pas la stupéfaction de Marceline et de tous les convives, lorsque Théophraste se leva d'un bond, jeta sa serviette sur la table et brailla à la maîtresse de la maison :

"Comme tu veux, *Marie-Antoinette !* Je ne peux rien te refuser !"

" Mon Dieu ! *Sa voix est revenue !* " haleta Marceline.

Les convives ne s'étaient pas remis du choc lorsque Théophraste braillait sur un vieil air français, d'une voix qu'aucun d'eux ne reconnaissait pour la sienne, sa voix de Conciergerie, braillait au monde le plus sélect de Crécy - en -Brie à Lagny-Thorigny. -Pomponne :


"Tous des tyrans ! Dans nos berceaux douillets, nous vivons comme des coqs de combat : nous éclaboussons de riches friandises, et nous ne buvons jamais d'alcool . Alors buvez, cullies, et buvez jusqu'à l' atout de Gabriel le jour du jugement dernier !"

Malgré la richesse de la rime, aucun applaudissement n'a suivi la strophe. Les dames ne tintaient pas leurs verres avec leurs couteaux ; ils regardaient Théophraste avec les yeux qui sortaient de la tête ; et les yeux de Marceline se projetaient le plus loin de tous.

Théophraste n'avait pas besoin d'applaudissements ; comme un démoniaque, il braillait :

"Tous des tyrans ! Dans nos berceaux douillets, Dan Cupidon adore
danser. Il apporte pour nous aider à éclabousser les dibbs La plus jolie soie
de France. Alors buvez, cullies, et buvez jusqu'à l' atout de Gabriel le Jour
du Jugement ! "

Dans un dernier rugissement triomphant, il répéta le dernier couplet et
prolongea la note finale, ses yeux fixés sur le soleil qui s'enfonçait au bord de
l'horizon, posa une main sur son cœur, embrassa "Nature" d'un grand geste
de l'autre. , et beugla :

"Alors buvez, cullies, et buvez jusqu'à ce que l'atout de Gabriel soit le jour
du jugement dernier !"

Il s'assit d'un air de contentement suprême et dit fièrement :

" *Qu'en penses-tu, Marie-Antoinette ?* "

"Pourquoi m'appelles-tu Marie-Antoinette ?" haleta Marceline tremblante.

"Parce que tu es la plus jolie de toutes !" rugit Théophraste de cette voix
affreuse. " J'en appelle à Madame la Maréchale de Boufflers , qui est une
femme de goût ! J'en appelle à vous tous ! Et il n'y a pas un d'entre vous, par
le gosier du Pape, qui osera le nier ! Ni le grand Picard, ni le Bourbonnais, ni
le Bourguignon, ni Tête de Mouton, ni le Crackman, ni le Parisien, ni le
Provincial, ni le petit Breton, ni la Plume, ni Patapon , ni Pinte-pot, ni Porte
Saint-Jacques, ni Gastelard , ni Fer. -arm, ni Black-mug, ni même Fancy Man
!"

Puisque Théophraste avait à sa droite la vieille Mlle. Taburet , il lui frappa les
côtes en guise d'emphase, un geste qui faillit la faire s'évanouir.

Personne n'osait bouger ; son œil flamboyant les enchaînait à leurs chaises ;
et se penchant affectueusement vers Mlle. Taburet , il montra Marceline
haletante, et dit :

"Écoutez, Mlle Taburet , n'est-ce pas ? Qui peut se comparer à elle ? La Jolie-
Laitière, de Pussycat ? Ou encore Blanche, la Bustler ? Ou Belle-Hélène qui
tient la taverne de la Harpe ?"

Il se tourna vers Adolphe.

« Tiens, toi, vieux Easy-Going ! dit-il avec une énergie terrifiante. "Donnons
votre avis. Regardez un instant Marie-Antoinette ! Par le Cochon de lait ! il
n'y en a pas une qui lui soit comparable : ni Jenny Vénus, la marchande de
fleurs du Palais-Royal, ni Marie Leroy, ni la mère Salomon, la jolie cafétière
du Temple, ni Jenny Bonnefoy *qui vient d'épouser Veunier qui tient le café Pont-
Marie* . Pas un d'entre eux, je vous le dis ! Pas l'un d'entre eux ! La Batteuse,

Manon de Versailles, la Grosse- Volaille , l'Écluse, la Vache aux paniers ou la Bastille ! »

D'un bond, Théophraste était sur la table ; et la vaisselle autour de lui se brisa en mille morceaux. Il attrapa un verre et hurla :

"Je bois à la reine des nymphes ! Marie-Antoinette Néron !"

Il écrasa le verre dans ses mains, le coupant en vingt endroits, et s'inclina devant la compagnie.

Mais l'entreprise avait pris la fuite.

# CHAPITRE IV

## ADOLPHE LECAMUS EST sidéré MAIS FRANK

Théophraste se tenait sur la table et regardait d'un air penaud autour de la tente vide. Sa belle ardeur s'était éteinte.

Mais je reprends le récit dans les mots de ses mémoires :

« Je me suis retrouvé sur la table, écrit-il, au milieu de la vaisselle cassée, et toute la compagnie s'est enfuie. La façon brutale de me quitter m'avait un peu troublé. Je voulais descendre, mais par un phénomène singulier, j'eus autant de difficulté à descendre de la table que j'avais montré d'adresse à y monter. Je me mis à genoux, et à force de précautions les plus minutieuses, je parvins à terre sain et sauf. J'appelai Marceline. , qui ne répondit pas ; et bientôt je la trouvai tremblante dans notre chambre. Je fermai soigneusement la porte et me mis à expliquer les choses. Ses yeux attrayants, pleins de larmes, exigeaient une explication ; et je sentais qu'il était de mon devoir de mari de me cacher. ce n'est plus d'elle mon grand et étonnant trouble d'esprit.

« - Ma chère Marceline, lui dis-je, vous devez être tout à fait embarrassée pour comprendre ce qui s'est passé ce soir ; mais n'importe, je ne le comprends pas moi-même. les uns les autres, je ne désespère pas d'en arriver à l'explication correcte.

"Puis je l'ai incitée à se coucher; et quand enfin sa tête reposait paisiblement sur l'oreiller, je lui ai raconté mon histoire. Je lui ai raconté de manière complète ma visite aux caves de la Conciergerie, sans rien cacher et en lui décrivant exactement les sentiments extraordinaires qui me troublaient et la force inconnue qui semblait me contrôler. Au début , elle ne dit rien ; en fait, elle semblait s'éloigner de moi comme si elle avait peur de moi ; mais quand je suis arrivé au document dans le mur qui révéla l'existence des trésors, elle demanda aussitôt à le voir.

"Je l'ai sorti de mon portefeuille et je le lui ai montré à la lueur de la lune qui était pleine. Comme moi, comme tous ceux qui l'avaient déjà vu, elle a reconnu mon écriture et s'est signée pendant tout le temps. monde comme si elle y soupçonnait quelque chose de diabolique.

" Cependant la vue du document parut la soulager ; et aussitôt elle dit que c'était bien heureux que nous ayons sous la main un expert en Spiritualisme, qu'Adolphe nous serait du plus grand service dans cette affaire difficile. Nous avions le papier sur le lit devant nous au clair de lune ; et en présence de ce témoin inébranlable, elle fut aussitôt obligée d'admettre que j'étais une âme réincarnée datant de deux cents ans auparavant.

"Puis, alors que je me demandais encore une fois qui j'aurais pu être, elle m'a énervé pour la première fois depuis notre mariage.

« Pauvre Théophraste, tu n'aurais pas pu faire grand-chose », dit-elle.

"'Et pourquoi pas?' Dis-je sèchement, car j'étais agacé.

« Parce que, ma chère, ce soir tu as chanté une chanson en argot ; et les dames dont tu as cité les noms ne pouvaient certainement pas appartenir à l'aristocratie. Quand on s'associe au Slapper, au Lock et à Manon de Versailles, on peut » Ce n'est pas grand-chose.

" Elle a dit cela avec un ton de mépris que j'ai mis sur le compte de la jalousie.

« Mais j'ai aussi parlé de La Maréchale de Boufflers , répétai-je assez sèchement. Et il faut savoir qu'au temps du Régent, toutes les dames de la Cour avaient quelque surnom bizarre. C'est mon opinion, au contraire. , que j'étais un homme de qualité... que dites-vous d'un favori du régent ?

"J'ai parlé assez brusquement; et elle m'a embrassé et a admis qu'il y avait beaucoup de choses dans ce que j'ai dit.

"Le lendemain matin, elle réitéra sa suggestion de confier Adolphe. Elle déclara que sa vaste expérience en ces matières et sa profonde connaissance de la métaphysique ne pouvaient qu'être d'une grande aide à un homme qui avait enfoui des trésors depuis deux cents ans. il y a et souhaitait les récupérer.

"'Tu verras, chérie, que c'est lui qui te dira quel était ton nom', dit-elle.

"J'ai cédé à sa persuasion; et pendant que nous étions assis dans le jardin après le déjeuner, je lui ai expliqué le sens intérieur de l'étrange événement de la veille. Je l'ai ramené de la chanson au document, du document à la Conciergerie. ", regardant l'effet de l'étonnante révélation sur l'expression de son visage. Il était clair qu'il était tout à fait stupéfait; et il me parut très étrange qu'un spiritualiste de profession soit si sidéré de se trouver face à face avec un homme retraité de affaires, sain d'esprit et de corps, qui prétendait avoir existé deux cents ans auparavant. Il dit que ma conduite au dîner d'hier et les phrases incompréhensibles que j'avais prononcées à la Conciergerie étaient bien de nature à le préparer à une telle confiance, mais en réalité il ne s'attendait à rien de pareil et était tout à fait déconcerté : il aimerait avoir effectivement en main les preuves d'un tel phénomène.

" J'ai sorti mon document et je le lui ai remis. Il ne pouvait nier son authenticité ; il a reconnu l'écriture. En effet , cette reconnaissance lui a valu une explication pointue ; et je lui ai demandé la raison. Il a répondu que mon écriture sur un un document vieux de deux cents ans expliquait un tas de choses.

"'Ce que les choses?' J'ai dit .

"Il a avoué loyalement que jusqu'à ce moment il n'avait jamais compris mon écriture et qu'il lui avait toujours été impossible de voir un quelconque lien entre celle-ci et mon caractère.

"'Est-ce ainsi?' J'ai dit ... « Et quelle est votre conception de mon caractère, Adolphe ?

"'Eh bien, vous ne serez pas en colère, si je suis franc avec vous ?' dit-il en hésitant.

« Bien sûr que non », ai-je répondu.

" Sur cette assurance, il décrivit mon caractère : c'était celui d'un digne homme d'affaires, d'un honnête marchand, d'un excellent mari, mais d'un homme incapable de déployer aucune fermeté, force d'esprit ou énergie. Il ajouta que mon ma timidité était excessive, et que ma bonté de cœur, dont il était pleinement conscient, était toujours susceptible de dégénérer en pure faiblesse.

" Ce n'était pas un portrait flatteur ; et cela m'a fait rougir moi-même.

« « Et maintenant, dis-je en cachant ma mortification, vous m'avez dit ce que vous pensez de mon caractère : que pensez-vous de mon écriture ? »

« C'est exactement le contraire de votre caractère, dit-il rapidement. Cela exprime tous les sentiments totalement opposés à votre nature telle que je la connais. En fait, je ne peux pas penser à une antithèse plus directe que votre caractère et votre écriture. Il faut donc que vous n'ayez pas l'écriture qui correspond à votre personnage actuel, mais l'écriture de l'Autre.

"J'aurais pu être en colère si Signor Petito ne m'avait pas dit à peu près la même chose ; en fait, je me suis exclamé : 'Oh, c'est très intéressant ! L'Autre était donc un homme d'énergie ?'

" Je me suis dit que l'Autre devait être quelque grand chef. Alors Adolphe reprit ; et tant que je vivrai, je n'oublierai jamais ses paroles, tant elles me faisaient mal :

"'Tout montre, ces traits minces, la façon dont ils s'assemblent les uns aux autres, leur manière de s'élever, de monter, de se surpasser, l'énergie, la force de volonté, l'entêtement, la dureté, l' ardeur , l'activité, l'ambition... du mal. '

" J'étais consterné ; mais dans un éclair de génie je m'écriai :

"'Qu'est-ce que le mal ? Qu'est-ce qui est bien ? Si Attila avait su écrire, il aurait pu avoir l'écriture de Napoléon !'

"'Attila était appelé "le fléau de Dieu", a-t-il déclaré.

"'Et Napoléon était le fléau des hommes', rétorquai-je sur-le-champ.

« J'avais du mal à retenir ma colère ; mais j'affirmais que *Théophraste Longuet ne pouvait être un honnête homme qu'avant cette vie, pendant cette vie et après cette vie* .

"Ma chère épouse était d'accord avec moi, chaleureusement. Adolphe a vu qu'il était allé trop loin et s'est excusé ."

# CHAPITRE V

## THÉOPHRASTE MONTRE LA PLUME NOIRE

Depuis ce jour, les conversations de Théophraste, de Marceline et d'Adolphe les intéressaient avec passion. Ils ont étudié et étudié le document ; ils discutèrent sans cesse du « Coq », du « Gall », des « Chopinettes » et de la « Trahison du 1er avril » du mystérieux document. Ils quittèrent bientôt Azure Waves Villa et retournèrent à Paris pour saccager les bibliothèques.

Adolphe, le grand lecteur, était bien mieux adapté à la recherche historique que Marceline ou Théophraste ; et leur patience était épuisée bien avant la sienne.

Un dimanche, ils se promenaient sur les Champs-Elysées ; et Théophraste et Marceline se plaignaient amèrement de leur échec dans les bibliothèques, quand Adolphe dit pensivement :

" A quoi nous servirait-il de retrouver approximativement l'endroit où sont enterrés les trésors *si Théophraste n'avait pas sa Plume Noire ?* "

"Quelle Plume Noire ? Que veux-tu dire ?" dirent d'une seule voix Marceline et Théophraste.

- Retournons vers le Rond -Pont, et je vous dirai ce que je veux dire, dit Adolphe.

Lorsqu'ils furent sous les arbres, au milieu de la foule des promeneurs insouciants, Adolphe dit :

"Vous avez entendu parler des chercheurs d'eau ?"

"Bien sûr", dirent-ils promptement.

"Eh bien, grâce à quelque phénomène dont l'explication n'a pas encore été découverte, ces chercheurs d'eau, équipés de brindilles fourchues de noisetier qu'ils tiennent au-dessus du sol qu'ils traversent, sont capables de voir, *à* travers les différentes strates de l'eau. " Le sol, la position de la source recherchée et l'endroit où le puits doit être creusé. Je ne désespère pas de faire faire à Théophraste pour ses trésors ce que les chercheurs d'eau font pour leurs sources. Je l'emmènerai sur place, et il dira : « C'est ici que vous creusez pour trouver les trésors. »

"Mais tout cela n'explique pas ce que vous entendez par ma Plume Noire", interrompit Théophraste.

"J'y arrive. J'y amènerai toi, le chercheur de trésor, comme on amène le chercheur d'eau à l'endroit où l'on soupçonne la présence d'eau. Je t'y amènerai *quand tu auras ta Plume Noire.* ".

Il fit une pause, puis reprit sur son ton professoral :

" Il faudra que je vous parle de Darwin ; mais ne vous inquiétez pas : je n'aurai pas à parler de lui longtemps. Vous comprendrez tout de suite. Vous savez que Darwin a consacré une grande partie de sa vie à quelques expériences célèbres dont les plus célèbres étaient ses expériences sur les pigeons. Désireux de rendre compte des phénomènes d'hérédité, il étudia de près l'élevage des pigeons. Il choisit les pigeons parce que les générations de pigeons se suivent si étroitement qu'on peut en tirer des conclusions. dans un laps de temps relativement court. Au bout d'un certain nombre, appelons-le X, de générations, il retrouva le même pigeon. Vous comprenez, le même pigeon, avec les mêmes défauts et les mêmes qualités, la même forme. , même structure, et *même plume noire* à l'endroit même où le premier pigeon avait une plume noire. Eh bien, moi, Adolphe Lecamus , je maintiens, et je vous le prouverai, qu'aux yeux ouverts par Darwin c'est la même avec les âmes comme avec les corps. Au bout d'un nombre X de générations, on retrouve la même âme, exactement telle qu'elle était à l'origine, avec les mêmes défauts et les mêmes qualités, *avec la même plume noire* . Est-ce que tu comprends?"

"Pas tout à fait", dit Théophraste en s'excusant.

— Pourtant je m'abaisse au niveau de votre intelligence, dit Adolphe impatient mais franc. "Mais il faut distinguer entre l'âme qui apparaît héréditairement et celle qui revient par réincarnation."

"Que veux-tu dire?" » dit Théophraste assez faiblement.

" Une âme héréditaire qui fait revivre l'ancêtre *a toujours sa plume noire* , du fait qu'elle est le résultat d'une combinaison unique, puisqu'elle existe dans l'enveloppe, le corps, qui est héréditaire au même titre. Est-ce clair ? "

"Je remarque cela à chaque fois que vous dites : 'Est-ce clair ?' mon cher Adolphe, tout semble devenir noir comme la poix, dit humblement Marceline.

Adolphe grinça des dents et éleva la voix :

"Alors qu'une âme qui revient au cours de la réincarnation se trouve dans un corps dans lequel rien n'a été préparé pour la recevoir. L'ensemble des matériaux de ce corps a son origine - je prends comme exemple Théophraste - plusieurs générations de choux. planteurs—"

"Jardiniers, maraîchers !" interrompit doucement Théophraste.

"... à Ferté -sous- Jouarre . L'ensemble des matériaux de ce corps peut imposer pour un temps silence à cette âme, originellement peut-être - je prends encore comme exemple Théophraste - appartenant à une des premières familles de France. Mais il arrive un moment où l'âme prend le dessus ; alors elle parle et se montre tout entière, exactement telle qu'elle était originellement, *avec sa plume noire* .

"Je comprends ! Je comprends toute l'affaire !" s'écria Théophraste avec joie.

" Alors quand cette âme parle en toi, s'écria Adolphe en s'échauffant à l'éloquence, tu n'es plus toi-même ! Théophraste Longuet a disparu ! C'est l'Autre qui est là ! L'Autre qui a les gestes, l'air, l'action, et *la Plume Noire* de l'Autre ! C'est l'Autre qui rappellera exactement le mystère des trésors ! C'est l'Autre qui se souvient de l'Autre !"

"Oh, c'est merveilleux !" s'écria Théophraste presque en larmes de joie. "Je comprends maintenant ce que tu entends par ma *Plume Noire* . J'aurai *ma Plume Noire* quand je serai l'Autre !"

— Et nous vous y aiderons, cher ami, dit Adolphe avec une chaleur toujours aussi vive. " Mais jusqu'à ce que nous ayons démêlé l'Inconnu qui se cache dans Théophraste Longuet , jusqu'à ce qu'il soit vivant sous nos yeux avec ce qu'il faut de force, d'audace et d'énergie, jusqu'à ce qu'en un mot il apparaisse avec *sa Plume Noire* , consacrons-nous sereinement à l'étude de cet intéressant document que vous avez rapporté de la Conciergerie. Faisons-en notre passe-temps d'en pénétrer le mystère, fixons les limites de l'espace dans lequel ces trésors ont été enfouis. Mais attendons avant de fouiller. les entrailles de la terre jusqu'à ce que l'Autre, qui dort en vous, se réveille et crie : "Il est ici !"

"Tu parles comme un livre, Adolphe !" s'écria Marceline bouleversée d'admiration. "Mais peut-on vraiment s'attendre à ce que le sol dans lequel les trésors ont été enterrés soit resté intact pendant toutes ces années, plus de deux cents ?"

« Femme de peu de foi, dit sévèrement Adolphe, ils troublent depuis plus de deux mille ans le sol sacré du Forum Romain, comme le sol de Paris n'a jamais été touché ; et ce n'est qu'il y a quelques années qu'ils ont amené à allumez la fameuse tribune d'où Caïus et Tibère déversaient leur éloquence... Ah! voici M. Mifroid , mon ami le commissaire de police, que j'ai si longtemps voulu vous faire connaître. Eh bien, c'est une chance!"

Un homme de quarante ans, habillé à la mode et soigné comme une épingle neuve, avec une mèche blanche soigneusement tirée sur son front sans rides, s'approcha d'eux en souriant, souleva son chapeau et serra chaleureusement la main d'Adolphe.

"Comment vas-tu?" dit cordialement Adolphe. " Laissez-moi vous présenter mes amis. M. Mifroid — Madame Longuet — M. Longuet . "

Au regard d'admiration respectueuse qu'il jetait sur son charmant visage, Marceline comprit que le commissaire de police était aussi un écuyer de dames.

— Nous avons souvent entendu parler de vous par notre ami M. Lecamus , dit-elle avec un sourire gracieux.

"Je sens que je te connais depuis longtemps. Chaque fois que je le rencontre, il parle de ses amis de la rue Gerando , et en des termes tels que le bonheur qui m'arrive en ce moment, cette introduction, a été mon plus fervent désir, dit galamment M. Mifroid .

— J'ai entendu dire que vous étiez un violoniste accompli, dit Marceline ravie de sa politesse.

" Accompli ? Je ne sais pas accompli : je *joue* du violon ; et je suis un peu sculpteur et étudiant en philosophie, goût que je dois à notre ami M. Lecamus ici présent. Et quand je suis passé devant vous tout à l'heure, Je vous ai entendu parler de l'immortalité de l'âme, dit M. Mifroid , qui voulait briller sous les yeux de la jolie Marceline.

"Adolphe et moi aimons discuter de ces questions sérieuses; et tout à l'heure nous parlions du corps et de l'âme et de leurs relations", dit Théophraste en imitant très juste l'air professoral d'Adolphe.

"N'as-tu pas dépassé ça ?" dit M. Mifroid brûlant de briller. " Aux yeux de la Science, la matière et l'esprit ne sont qu'une seule et même chose, c'est-à-dire qu'ils constituent une même unité dans une même Force, à la fois résultat et phénomène, cause et effet, allant vers une même fin : l'Ascension Progressive. de l'Être. Vous deux messieurs êtes les seules personnes qui restent à faire cette distinction entre la matière et l'esprit.

Théophraste était un peu vexé : « Nous faisons de notre mieux », dit-il avec raideur.

Le petit groupe était arrivé place de la Concorde. En haut de la rue Royale, il y avait une foule nombreuse qui criait et gesticulait.

Théophraste, en vrai Parisien, s'enflamma aussitôt d'apprendre ce qui se passait et se plongea au cœur de la foule.

« Attention, ne vous faites pas les poches ! » s'écria Marceline après lui.

"Oh, il ne faut pas avoir peur de se faire faire les poches quand on est en compagnie du commissaire Mifroid ", dit fièrement ce monsieur.

"C'est vrai", dit Marceline avec un sourire aimable. "Vous êtes ici et nous ne courons aucun risque."

— Je n'en sais rien, dit sournoisement Adolphe. "Mon ami Mifroid me paraît plus dangereux que tous les pickpockets de la terre... jusqu'au coeur."

"Ah, il aura sa blague !" dit M. Mifroid en riant ; mais il prit son air le plus conquérant.

Théophraste les laissa debout pendant dix bonnes minutes avant de sortir de la foule avec les yeux brillants.

"C'est un chauffeur de taxi qui a bloqué son volant avec celui d'une automobile", a-t-il expliqué.

"Et que s'est-il passé ?" dit Marceline.

"Eh bien, il ne peut pas le déverrouiller", a déclaré Théophraste.

"Et toute cette foule pour des bagatelles pareilles ! Comme les gens sont bêtes !" dit Marceline.

Alors elle invita M. Mifroid à venir dîner avec eux. Il ne lui fallut qu'un peu de pression pour accepter l'invitation ; et ils retournèrent lentement vers la rue Gerando .

Le dîner fut très animé, car M. Mifroid tenait toujours à briller ; et son exemple poussa Adolphe à une splendide émulation. C'est au moment où ils prenaient leur café, à la fin du dîner, que M. Mifroid parut soudain inquiet. Il fouilla dans toutes ses poches, essayant de retrouver son mouchoir. Sa recherche fut vaine ; ce n'était pas là. Après une dernière fouille dans les poches des pans de sa redingote, il grinça des dents, tira désespérément sur sa moustache et inspira profondément.

Deux minutes plus tard, Théophraste se moucha. Marceline lui demanda où il avait trouvé ce joli mouchoir. M. Mifroid le regarda et vit que c'était le sien. Il rit un peu maladroitement, déclara que c'était une excellente plaisanterie, la prit des mains de Théophraste et la mit dans sa poche. Théophraste ne pouvait pas du tout comprendre cela.

Tout à coup, M. Mifroid pâlit et fouilla dans sa poche de poitrine gauche.

"Mon Dieu ! Qu'est devenu mon portefeuille ?" il pleure.

L'explication de son absence était toute simple : quelqu'un avait vidé la poche du commissaire de police de son portefeuille contenant cinq cents francs. M. Mifroid ne regrettait pas tant la perte des cinq cents francs qu'il était furieux de se trouver ridicule. Marceline se moquait gentiment de lui en lui présentant ses condoléances pour sa perte ; elle ne pouvait pas s'en empêcher. Il était vraiment furieux.

" Laissez-moi vous prêter l'argent que vous voudrez pour ce soir, monsieur Mifroid , " dit aimablement Théophraste.

Il sortit un portefeuille. M. Mifroid poussa un cri aigu : c'était son propre portefeuille !

Théophraste est devenu un riche écarlate. M. Mifroid le regarda, ôta le portefeuille de ses doigts tremblants, récupéra ses cinq cents francs et les mit dans sa poche.

Alors il se mit aussitôt à prétexter cent occupations pressantes pour les quitter précipitamment et leur dit adieu.

Tandis qu'il dévalait l'escalier, il remonta avec un peu de chaleur son ami Adolphe, qui s'était précipité hors de l'appartement après lui :

"Qui sont ces personnes que vous m'avez présentées ?"

Adolphe ne dit rien ; il essuya son front en sueur.

Les pas bruyants de M. Mifroid s'éteignirent dans l'escalier ; et il rentra lentement dans la salle à manger. Théophraste venait de finir de vider ses poches. Sur la table étaient posés trois montres, six mouchoirs, quatre portefeuilles contenant des sommes considérables, et dix-huit bourses !

# CHAPITRE VI

## LE PORTRAIT

Les trois amis regardaient les trois montres, les six mouchoirs, les quatre portefeuilles et les dix-huit bourses avec une consternation vide et silencieuse.

Il n'y avait effectivement rien à dire.

Un terrible désespoir pesait sur le visage de Théophraste ; mais il fut le premier à briser le lourd silence.

"Mes poches sont *plutôt* vides", a-t-il déclaré.

"Oh, Théophraste... Théophraste !" gémit Marceline avec reproche.

« Mon pauvre ami, dit Adolphe ; et il gémit.

Théophraste essuya la sueur froide de son front avec un mouchoir dont il ne connaissait pas le propriétaire.

"Je vois ce que c'est", dit-il d'un ton désespéré. "J'ai eu ma *Plume Noire* ."

Marceline et Adolphe ne disaient rien ; ils étaient complètement dépassés.

Théophraste les regarda tour à tour et essuya les verres de ses lunettes. Son visage s'éclaira un peu ; puis il dit avec un léger sourire :

" *Peut-être qu'après tout, à cette époque, c'était un jeu de société* . "

Il enfonça l'index de sa main droite dans sa bouche, signe d'une grave préoccupation d'esprit.

Marceline poussa un profond soupir et dit : « Enlève ton doigt de ta bouche, ma chérie, et raconte-nous comment il se fait que tu avais sur toi trois montres, six mouchoirs, quatre portefeuilles et dix-huit bourses, sans compter le mouchoir. et le portefeuille du commissaire Mifroid ... J'ai sorti vos poches ce matin pour brosser les doublures, et comme d'habitude il n'y avait que quelques bouts de tabac dedans.

"Il y avait un grand attroupement place de la Concorde. Je m'y suis plongé; et j'en suis ressorti avec toutes ces choses. C'est bien simple", dit Théophraste.

"Et qu'allons-nous en faire ?" dit Adolphe d'un ton solennel.

"Que veux-tu que j'en fasse ?" » dit Théophraste brusquement, car il se remettait un peu du choc. " Vous ne croyez pas que je vais les garder ! Est-ce mon habitude de garder les choses qui ne m'appartiennent pas ? Je suis un honnête homme et je n'ai jamais fait de tort à personne. Vous prendrez ces choses. à votre ami le commissaire de police. Il lui sera assez facile de retrouver les propriétaires.

"Et que dois-je lui dire ?" dit Adolphe d'un air inquiet.

"Tout ce que tu aimes!" s'écria Théophraste en commençant à s'emporter. " Un honnête cocher qui trouve un portefeuille et cinquante mille francs dans son fiacre et les emmène au commissariat, se soucie-t-il de ce qu'il va dire à l'inspecteur ? Il dit : " J'ai trouvé ça dans mon fiacre, " et ça suffit. Il obtient même une récompense. Il suffit de dire : " Mon ami Longuet m'a demandé de vous apporter ces choses qu'il a trouvées dans sa poche, et il ne demande aucune récompense. "

Il parlait avec un ton de mépris impatient pour l'intelligence d'Adolphe, ton auquel Adolphe n'était pas habitué. Adolphe fronça les sourcils avec une dignité froissée et allait répliquer brusquement, lorsque Marceline lui donna un léger coup de pied sous la table, un petit coup de pied qui disait clairement : « Théophraste perd la tête ! Viens, mon ami, à son secours !

Adolphe comprit le message de ce petit soulier : le froncement de sourcils s'effaça de son visage, n'y laissant qu'une expression de tristesse surnaturelle ; il regarda les dix-huit bourses, se gratta le nez et toussa. Puis il regarda Théophraste et dit d'un ton très solennel :

" Ce qui vient de se passer, Théophraste, n'est pas naturel. Il faut essayer d'en trouver l'explication ; il faut se forcer à trouver l'explication. Inutile de fermer les yeux ; il faut les ouvrir le plus grand possible pour le malheur, si c'est un malheur, pour le combattre. »

"Quel malheur ?" » dit Théophraste, redevenant tout à coup son timide, et saisissant avec détresse la main de Marceline.

— C'est toujours un malheur d'avoir les biens d'autrui dans sa poche, dit sombrement Adolphe.

"Et qu'y a-t-il d'autre dans les poches des prestidigitateurs ?" s'écria Théophraste avec une nouvelle violence. "Et les prestidigitateurs sont des hommes très honnêtes ; et Théophraste Longuet est un homme très honnête ! *Par l'étranglement de Madame Phalaris* , il l'est !"

Il a crié ceci ; puis retomba épuisé sur sa chaise.

Il y eut un sombre silence. Bientôt, il se redressa et, les larmes aux yeux, dit plaintivement :

"Je sens qu'Adolphe a raison. Je suis menacé d'un grand malheur et je ne sais pas ce que c'est... je ne sais pas ce que c'est ! "

Il fondit en larmes ; et Marceline et Adolphe s'efforçaient en vain de le consoler. Mais au bout d'un moment il essuya ses larmes, saisit la main de l'une ou l'autre et dit d'une voix plus ferme :

"Jure… jure de ne jamais m'abandonner *quoi qu'il arrive* ."

Ils ont promis en toute bonne foi ; et cette assurance parut le réconforter un peu. Alors Adolphe lui demanda de lui faire revoir le document ; et il l'a récupéré. Adolphe l'étala devant lui et l'étudia attentivement. Il hocha sagement la tête et dit :

"Est-ce qu'il t'arrive de rêver, Théophraste ?"

" Est-ce que je rêve parfois ? Eh bien, je suppose que je le fais parfois. Mais ma digestion est si bonne que je me souviens presque jamais de mes rêves. "

"Jamais?" insista Adolphe.

"Oh, je ne pourrais pas aller jusqu'à dire jamais", dit Théophraste. "En fait, je me souviens avoir rêvé quatre ou cinq fois dans ma vie. Je m'en souviens parce que je me réveillais toujours au même moment dans le rêve; et c'était toujours le même rêve. Mais comment diable cela affecte-t-il cette affaire qui ça nous inquiète ?"

— Les rêves n'ont jamais été expliqués par la science, dit solennellement Adolphe. « Il croit avoir tout dit quand il les a attribués à l'effet de l'imagination. Mais il ne nous donne aucune explication des visions bien claires et distinctes que nous avons parfois et qui n'ont rien à voir avec les événements ou les préoccupations de l'époque précédente. En particulier, comment rendre compte de ces visions de choses réellement existantes qu'on n'a jamais vues à l'état de veille, de choses auxquelles on n'a même jamais pensé ? Qui oserait dire qu'il ne s'agit pas de visions rétrospectives d'événements qui ont s'est produit avant notre existence actuelle ?

" En effet, Adolphe, je puis vous assurer que les choses dont je rêve — et je me souviens maintenant que j'en ai rêvé trois fois — sont peut-être réelles dans le passé ou dans l'avenir, mais que je ne les ai jamais vues. dans le présent."

— Vous comprenez mon propos, dit Adolphe d'un ton satisfait. "Mais quelles sont ces choses dont vous avez rêvé mais que vous n'avez jamais vues ?"

"Ça ne sera pas long à raconter et Dieu merci, car ils ne sont pas particulièrement agréables. J'ai rêvé que j'étais marié à une femme que j'appelais Marie-Antoinette et qui m'ennuyait extrêmement."

"Et puis?" dit Adolphe, dont les yeux ne quittaient jamais le document.

"Et puis je l'ai découpée en petits morceaux", dit Théophraste en rougissant légèrement.

"Quelle chose horrible à faire !" s'écria Marceline.

"En fait , c'était plutôt horrible", dit Théophraste. " Et puis j'ai mis les morceaux dans un panier et j'allais les jeter dans la Seine près du petit pont de l'Hôtel-de-Ville. C'est alors que je me suis réveillé ; et j'étais bien content de me réveiller, car ce n'était pas le cas. " un rêve agréable. »

"C'est affreux!" s'écria Adolphe ; et il a tapé du poing sur la table.

"N'est-ce pas ?" dit Marceline.

"Pas un rêve ! Mais je viens de réussir à lire toute la première ligne du document ! C'est ça qui est affreux !" gémit Adolphe.

"Qu'est-ce qu'il y a ? Qu'as-tu découvert ?" s'écria Théophraste d'un ton affolé en se levant pour examiner le document.

"Il est écrit *que j'ai récupéré mes trésors* . Et vous ne savez pas ce que cela *signifie* ? Eh bien, je ne vais pas vous le dire avant d'en être absolument sûr. Je serai absolument sûr demain. demain, Théophraste, à deux heures, retrouve-moi au coin des rues Guénégaud et Mazarine. Il se leva. "En attendant, j'apporterai ces choses à mon ami Mifroid , qui les rendra à leurs propriétaires. Bonne nuit et courage, Théophraste, surtout courage!"

Il serra la main de Théophraste, avec la pression persistante avec laquelle on serre la main d'un proche du cadavre lors d'un enterrement, et partit.

Cette nuit-là, Théophraste ne dormit pas. Tandis que Marceline respirait paisiblement à ses côtés, il restait éveillé, les yeux fixés sur l'obscurité. Sa propre respiration était irrégulière et interrompue par de profonds soupirs. Une lourde oppression lui pesait le cœur.

Le jour se levait sur Paris, sombre et sale, jetant sur ses immeubles un voile sinistre. En vain le soleil d'été s'efforçait-il de pénétrer dans cet air épais et enfumé. Midi, heure de son triomphe, ne présentait qu'une boule sourde, roulant sans gloire dans un brouillard sulfureux .

À six heures, Théophraste sauta brusquement du lit et réveilla Marceline par un éclat de rire insensé. Elle lui demanda la raison de son étrange gaieté ; et il répondit que la nature ne lui avait pas donné une bouche assez grande pour rire de la tête que ferait le commissaire Mifroid , qui ne croyait pas aux pickpockets, à la vue d'Adolphe vidant ses poches de la collection dont il les avait bourrées.

Puis il poursuivit en disant sur le ton d'un instructeur officiel :

"C'est le travail d'un enfant de sortir un sac à main d'une poche. Si vous ne parvenez pas à y mettre la main, insérez une paille recouverte de glu. Cet appareil est excellent pour le travail en foule."

Marceline se redressa sur le lit et le regarda. Théophraste n'avait jamais eu un air plus naturel. Il enfilait son pantalon.

"Il y a un bouton sur la ceinture", grommela-t-il.

"Tu me terrifies, Théophraste !" dit Marceline d'une voix tremblante.

"Et du bon travail aussi !" dit son mari en se mettant à genoux pour récupérer son appareil dentaire tombé sous le lit. "On ne fait du bon travail qu'avec une bonne femme. Et je ne peux rien faire avec toi. Tu ne seras jamais un bon animateur."

« Un bon… quoi ?

"Un bon bourreau. La prochaine fois que tu iras à la Maison-Dorée, achète-moi une paire de bretelles. Elles sont pourries. Tu ne sais même pas ce qu'est un bourreau. Tu devrais avoir honte à ton âge. Un bon bourreau est une personne de votre sexe qui sait cacher dans sa robe tout ce qu'on peut trouver. Je n'ai jamais eu de meilleure agitation que Jenny Venus.

« Mon pauvre enfant ! gémit Marceline.

Un accès de colère furieuse s'empara de Théophraste. Il se précipita vers le lit en brandissant le crochet et s'écria :

"Tu sais, tu sais très bien que j'ai interdit à quiconque de m'appeler ' *Enfant* ' depuis la mort de Jenny Venus !"

Marceline a promis qu'elle ne recommencerait plus. Mais oh ! comme elle regrettait profondément d'être devenue, avec son mari, propriétaire d'un document qui leur promettait des trésors, mais qui apportait dans leur foyer le malheur, la peur, la violence, la folie et l'inexplicable. Après Marie-Antoinette est venue Jenny Venus. Elle ne connaissait aucune des deux dames ; et elle n'avait aucune envie de faire leur connaissance. Mais Théophraste en parlait avec une familiarité inquiétante. En vérité, les phrases inattendues qui sortaient de ses lèvres, tout en lui faisant craindre le Théophraste d'il y a deux cents ans, lui faisaient regretter bien le Théophraste, si facile à comprendre, de quelques jours auparavant. Elle pensait à la théorie de la réincarnation avec les sentiments les plus méchants.

Théophraste avait fini de s'habiller. Il se plaignait amèrement qu'une déchirure de son gilet fleuri n'avait pas été réparée. Puis il dit qu'il ne déjeunerait pas chez lui, puisqu'il avait rendez-vous avec son *ami le Vieux Facile*, à l'angle des rues Guénégaud et Mazarine, *pour jouer un tour à un Monsieur de Traneuse*, *officier du génie pour lequel il avait une forte aversion* ; mais comme le rendez-vous était après le déjeuner, il pensa qu'il irait d'abord *prendre l'air au moulin des Chopinettes* .

Marceline tremblait pitoyablement. Elle eut à peine la force de dire : « Il fait très mauvais temps pour aller au moulin des Chopinettes .

"Bah ! *Je vais laisser mon parapluie vert à la maison et emporter ma Plume Noire avec moi* ", dit Théophraste.

Sur ce, il sortit, mettant au fur et à mesure la touche finale à sa cravate.

Dans l'escalier, il rencontra le signor Petito ; et ils l'ont parcouru ensemble. Le signor Petito salua M. Longuet avec la politesse la plus respectueuse, se plaignit de l'état du temps et lui fit mille compliments sur son air de bonne santé. Théophraste répondit d'un ton maussade à ces avances polies ; et comme, lorsqu'ils sortirent de la maison, le signor Petito ne montrait aucune intention de le quitter, il demanda désagréablement si la signora Petito ne pourrait pas être persuadée d'apprendre un autre air infernal en dehors du *Carnaval de Venise* . Signor Petito affecta de ne pas remarquer son ton moqueur et répondit avec un sourire aimable qu'elle allait juste commencer à s'entraîner . *L'Étoile de l'Amour* , et elle serait charmée de consacrer désormais son talent à n'importe quelle pièce qui plairait à M. Longuet . Puis, plus amicalement encore, il dit :

"Et par où allez-vous, monsieur Longuet ?"

Théophraste le regarda avec une défaveur suspicieuse et répondit :

" J'allais faire un tour au moulin des Chopinettes ; mais le temps est certainement trop mauvais pour cela : je descends donc chez les Porchers. "

« Aux Porcs ? » dit vivement le signor Petito ; et il allait demander où étaient les Porker, quand il y réfléchirait mieux, et il répondrait : « Moi aussi.

"En effet ? En effet ?" dit Théophraste en le regardant étrangement. " Alors tu vas aussi chez les Porker ? "

« Là-bas ou ailleurs : cela m'est égal, dit le signor Petito ; et il eut un rire des plus aimables.

Ils marchèrent côte à côte en silence pendant un moment, jusqu'à ce que Signor Petito rassemble son courage pour poser une question :

"Et comment allez-vous avec vos trésors, M. Longuet ?" il a dit.

Théophraste se tourna vers lui d'un air sauvage et s'écria : « Qu'est-ce que cela a à voir avec toi ?

"Tu ne te souviens pas m'avoir apporté, il y a quelques instants, mon avis sur l'écriture…"

"Je m'en souviens très bien ! Mais toi... tu ferais bien mieux d'oublier !" interrompit Théophraste d'un ton sec et menaçant ; et il ouvrit son parapluie vert.

Le signor Petito , sans aucune gêne, s'y réfugia en disant aimablement : « Oh, je n'ai pas posé cette question pour vous ennuyer, M. Longuet .

Ils étaient arrivés au coin de la rue des Martyrs, dans l' avenue Trudaine ; et ils refusèrent, Théophraste lançant un regard noir.

Puis il dit : « J'ai rendez-vous à la taverne du Cochon de Suce, à côté de la chapelle des Porcs, et nous y sommes, Signor Petito .

"Mais c'est Notre-Dame-de-Lorette et pas du tout la chapelle des Porcs !" s'écria le signor Petito .

"Je n'aime pas qu'on me contredise en face !" grogna Théophraste en le regardant d'un très mauvais œil et en montrant les dents.

Le signor Petito a protesté qu'il n'avait aucune intention au monde de faire quoi que ce soit de pareil.

"En face, je sais bien que ma tête est précieuse", dit Théophraste en regardant le signor Petito d'un air de plus en plus étranger. " Savez-vous combien vaut, Signor Petito , la tête *de l'Enfant* ? Non ?... Eh bien, puisqu'une opportunité se présente, je vais vous le dire. Et pendant que j'y suis, je vous le dirai. une petite histoire qui pourra vous être utile. Entrez dans le Cochon de Suc.

"B-B-Mais ici, c'est le Café B-B- Boussets ", balbutia le Signor Petito qui commençait à s'effrayer.

"La brume t'a embrouillé. Tu t'es égaré parmi *tous ces champs labourés* ", dit Théophraste en s'asseyant sur un banc devant l'une des tables. Puis il rit d'un ton très sinistre et reprit : " Vous vouliez donc m'embêter, monsieur Petito . Tant pis pour vous. Qu'allez-vous boire ? Un verre de ratafia ? L'excellente Madame Taconet [1] qui tient cette taverne m'a réservé une bouteille qui te réchauffera in'ards . "

[1] Théophraste était tout à fait précis dans ces détails historiques. J'ai découvert qu'une Madame Taconet tenait, il y a deux cents ans, la taverne du Cochon de Lait, près de la chapelle des Porkers qui fut démolie en 1800, et qu'à son emplacement fut érigée la chapelle Notre-Dame-de-Lorette. Tout ce quartier, au nord-ouest du boulevard des Italiens , était couvert, il y a deux cents ans, de champs labourés, de jardins maraîchers, de bastides et de villages de Porcs. La taverne du Cochon de lait avait la pire réputation, car Mme Taconet y abritait tous les coquins les plus abandonnés de Paris.

Et comme un garçon en tablier blanc s'approchait de la table, sans changer de ton, Théophraste ajouta : « Deux bières pression ; et nous ne voulons pas qu'elles moussent toutes.

Ainsi, sans aucune transition, sans même s'en apercevoir, il joignit son existence actuelle à son existence d'avant deux cents ans. Le signor Petito éprouvait déjà les plus vifs regrets d'avoir insisté pour accompagner un homme qui se croyait à la taverne du Cochon de Suce, lorsque le garçon apporta la bière et la posa sur la table.

Théophraste dit : « Ma tête vaut vingt mille francs ; et tu le sais bien !

Il accompagnait le "Et bien vous le savez !" d'un coup de poing sur la table qui fit sonner les verres et faire sursauter Signor Petito .

"N'ayez pas peur, Signor Petito : votre bière n'est pas renversée", poursuivit Théophraste d'un ton goguenard. " Vous savez donc, mon bon monsieur, que ma tête vaut vingt mille francs ; mais vous feriez mieux de faire comme si vous ne la vouliez pas, sinon il vous arrivera quelque désagrément. Je vous ai promis une histoire. Eh bien, la voici :

" *Il y a à peine deux cents ans* , je marchais dans la rue Vaugirard , les mains dans les poches et sans arme d'aucune sorte sur moi, pas même une épée, lorsqu'un homme m'a abordé au coin de la rue et m'a salué avec toute la politesse imaginable et a déclaré que mon visage lui avait plu — comme vous l'avez dit et fait, Signor Petito ! — qu'il s'appelait Bidel , et que tous ses amis l'appelaient le bon vieux Bidel , et qu'il avait un secret à me confier. . Je l'ai encouragé d'une tape amicale sur l'épaule." À ce moment-là, Théophraste alla chercher le signor Petito avec un tel coup sur l'épaule que cela lui arracha un bref hurlement ; et il sortit son argent avec le désir contraignant de sortir et de voir si le brouillard s'était dissipé. "Rangez votre argent, Signor Petito , je paie les boissons !" » dit Théophraste brusquement ; » et il continua sur son ton facile et conversationnel. "Eh bien, le bon vieux Bidel , encouragé par mon coup amical," se glissa le Signor Petito le long du banc, "m'a confié son secret. Il m'a murmuré à l'oreille que le Régent avait offert vingt mille francs à quiconque arrêterait l' *Enfant* ; qu'il " Le bon vieux Bidel savait où se cachait l' *Enfant* ; que je le regardais comme un homme de courage, et qu'avec mon aide il devrait être assez près d'obtenir ces vingt mille francs. Nous les partagerions. " Théophraste s'arrêta pour rire d'un rire qui glaça le sang du signor Petito . "Le bon vieux Bidel n'a pas eu de chance, Signor Petito , car moi aussi je savais où se cachait l' *Enfant* , *puisque l' Enfant* , c'était moi !" Le signor Petito n'en croyait pas un mot. Il était fermement convaincu que M. Longuet n'était plus un enfant depuis des mois. Mais il n'osait pas le dire. " J'ai répondu au bon vieux Bidel que c'était une aubaine régulière et que j'étais vraiment reconnaissant qu'il m'ait croisé par hasard ; et je l'ai supplié de m'emmener directement à l'endroit où se cachait l' *Enfant* . *Il a dit :*

"'Cette nuit, l' *Enfant* dormira chez les Capucins , à l'auberge de La Croix d'Or.'

"C'était vrai, Signor Petito . Les informations du bon vieux Bidel étaient correctes ; et je l'en ai félicité. Nous passions devant une coutelier ; et je suis entré, et sous les yeux étonnés du bon vieux Bidel, j'ai acheté *un petit couteau d'un sou* ." Les yeux de Théophraste brillaient ; et les yeux du signor Petito clignèrent. "Quand nous sommes sortis dans la rue, le bon vieux Bidel m'a demandé ce que j'allais faire avec *un petit couteau à un sou* . J'ai répondu : 'Avec un petit couteau à un sou'" - M. Longuet se rapprocha du signor Petito ; Le signor Petito s'est éloigné de M. Longuet : « On peut toujours tuer un *flic !* » Et je lui ai enfoncé les côtes ! Il a agité ses bras comme un moulin à vent et est tombé mort !

Il rit à nouveau de son rire glaçant ; mais le signor Petito n'y faisait pas attention : il s'était glissé le long du banc et en dessous. Il rampa rapidement sous les bancs, au grand étonnement du personnel du café, gagna la porte, s'y engouffra et s'enfuit dans la rue.

M. Théophraste Longuet vida son verre et se leva. Il se dirigea vers le bureau, où Mlle. Bertha comptait les disques de cuivre et lui dit :

« Madame Taconet », - Mlle. Bertha se demandait avec surprise pourquoi M. Longuet l'appelait madame Taconet ; mais la question n'a pas reçu de réponse : « Si ce petit Petito revient ici, dites-lui de ma part que la prochaine fois que je le rencontrerai, *je lui couperai les oreilles* .

ces mots, Théophraste caressa le manche de son parapluie vert comme on caresse la poignée d'un poignard, et sortit sans payer.

Il ne fait aucun doute raisonnable que Théophraste possédait sa *plume noire* .

Le brouillard était encore épais. Il a complètement oublié le déjeuner. Il marchait dans la brume sulfureuse comme dans un rêve. Il traverse l'ancien quartier d'Antin et ce qu'on appelait autrefois Bishop's Town. Lorsqu'il aperçut vaguement les tours de la Trinité , il murmura : « Ah, les tours de Cock Castle ! Il était à la gare Saint-Lazare lorsqu'il se crut dans la « Petite Pologne ». Mais peu à peu, à mesure que la brume se dissipait, son rêve s'évanouissait avec elle. Il avait une idée plus précise des choses. Lorsqu'il traversa la Seine à Pont-Royal, il était redevenu l'honnête Théophraste, et lorsqu'il posa le pied sur la rive gauche du fleuve , il n'avait plus qu'un vague souvenir de ce qui s'était passé de l'autre côté.

Mais il avait ce souvenir. En fait, lorsqu'il s'examina de près, il découvrit qu'il commençait à éprouver trois états mentaux différents : premièrement, celui qui découlait de son existence réelle d'honnête fabricant de tampons en caoutchouc ; deuxièmement, celui qui est né de la résurrection soudaine et passagère de l' *Autre* ; troisièmement, ce qui est né de la mémoire. Tandis que la résurrection de l' *Autre* était, tant qu'elle durait, une affaire terrible, le souvenir était un état d'esprit agréable et mélancolique, propre à induire dans un cœur affligé un sentiment de douce tristesse et de pitié philosophique.

En se dirigeant vers la rue Guénégaud , il se demandait distraitement pourquoi Adolphe avait fixé le coin des rues Guénégaud et Mazarine pour lieu de rendez-vous.

Il fit un détour jusqu'à ce coin, car *il ne pouvait se résoudre à parcourir le tronçon de la rue Mazarine* qui longe le palais de l'Institut, autrefois les Quatre-Nations. *Il ne connaissait pas la raison de cette réticence.* Il contourna la maison de la Monnaie et entra ainsi dans la rue Guénégaud .

Adolphe l'attendait au coin, la figure très sombre, et glissa son bras dans le sien.

"Avez-vous déjà entendu quelqu'un parler de quelqu'un qui s'appelle l' *Enfant* , Adolphe ?" » dit Théophraste après qu'ils se furent salués.

— En effet, dit Adolphe d'un ton aussi sombre que son visage. "Et je connais son nom, son nom de famille."

"Ah, qu'est-ce qu'il y a ?" dit Théophraste avec inquiétude.

Pour toute réponse, Adolphe le poussa dans un petit passage qui conduisait à une vieille maison de la rue Guénégaud , à quelques portes de la maison de la Monnaie . Ils entrèrent dans la maison, montèrent un escalier branlant et pénétrèrent dans une pièce dont les rideaux des fenêtres étaient tirés. Elle avait été volontairement obscurcie. Mais sur une petite table dans un coin, une bougie vacillante éclairait un portrait.

C'était le portrait d'un homme d'une trentaine d'années, au visage puissant, aux yeux « flashants ». Le front était haut, le nez gros, le menton fort et carré, rasé ; la grande bouche était surmontée d'une moustache hérissée. Sur les cheveux touffus se trouvait un bonnet de laine ou de cuir rugueux ; et la tenue semblait être celle d'un forçat. Une chemise de gros lin était entrouverte sur sa poitrine velue.

"Bonté!" dit Théophraste sans élever la voix. "Comment *mon portrait est* -il entré dans cette maison ?"

"Votre portrait ?" s'écria Adolphe. "Es-tu sûr?"

" *Qui pourrait en être plus sûr que moi ?* " dit calmement Théophraste.

— Eh bien… eh bien…, dit Adolphe Lecamus d'une voix étranglée, le visage déformé par l'expression de l'émotion la plus douloureuse. "Ce portrait, qui est votre portrait, est le portrait de ce grand roi des voleurs du XVIIIe siècle, CARTOUCHE !"

Théophraste regardait le portrait avec des yeux qui s'ouvraient et s'ouvraient à mesure qu'une pâleur maladive recouvrait son visage angoissé ; un petit grognement s'échappa de ses lèvres entrouvertes, et il tomba au sol, évanoui.

Adolphe se mit à genoux à côté de lui, dégrafa son col et lui frappa vigoureusement les mains. Puis il souffla la bougie, tourna le portrait face au mur et ouvrit la fenêtre.

Théophraste mit longtemps à reprendre ses esprits. Lorsqu'il le fit, ses premiers mots furent :

— Ne le dis sous aucun prétexte à ma femme, Adolphe !

# CHAPITRE VII

## LA JEUNE CARTOUCHE

Au lendemain de cette terrible découverte, Théophraste et Marceline recherchèrent les joies calmes de la Villa des Vagues Azur. Théophraste n'avait pas dit un mot de cette affaire choquante ; et Marceline n'avait pas osé l'interroger là-dessus, de sorte qu'elle ignorait encore leur affreux malheur. Une consternation vide régnait perpétuellement sur son doux visage ; et de temps en temps, des larmes remplissaient ses yeux aimables.

Adolphe, resté à Paris pour faire des recherches sur la vie du célèbre roi des voleurs, devait les rejoindre dans quelques jours ; et les heures jusqu'à son arrivée s'écoulèrent vraiment sombres : Marceline vaquait dans la maison, occupée à ses tâches ménagères ; Théophraste prépara silencieusement son matériel de pêche et, l'après-midi du deuxième jour, pêcha avec très peu de chance.

Mais le troisième jour s'est levé radieux et ensoleillé ; et Théophraste, qui avait passé une bonne nuit, montra un visage plus facile et une expression moins consternée ; sur ses lèvres flottait l'ombre d'un sourire. Adolphe Lecamus est arrivé à la gare d'Esbly par le train de 11h46, et a été accueilli avec des transports de joie. Ils allèrent droit au déjeuner et ne se levèrent de table qu'à deux heures. Marceline respirait de nouveau paisiblement en présence de leur fidèle ami ; et Théophraste le régala avec un récit détaillé de son après-midi de pêche passionnée, mais infructueuse. M. Lecamus parlait peu ; mais après son café, il se servit un troisième verre de curaçoa qu'il apprécia bien plus qu'il ne le méritait.

Après le déjeuner, Théophraste se chargea de cannes, de lignes et d'appâts ; Adolphe prit l'épuisette ; ils dirent au revoir à Marceline ; et descendit vers la Marne de l'allure tranquille des hommes qui ont bien déjeuné.

"J'ai tout préparé pour votre sport de l'après-midi", dit Théophraste lorsqu'ils atteignirent ses rives. "Pendant que vous pêcherez , j'écouterai vos nouvelles et m'amuserai à pêcher à la traîne. C'est tout ce pour quoi je suis fait. J'ai une boîte pleine de vairons sous les saules. Je suis préparé au pire."

Adolphe ne dit rien ; Et tandis qu'il appâtait son hameçon, Théophraste dit avec une pointe d'impatience dans le ton : « Eh bien ?

"Eh bien, mes nouvelles sont bonnes et mauvaises", dit Adolphe. " Mais je dois vous prévenir que c'est plus mauvais que bon : sans doute on a inventé bien des histoires sur vous ; mais la vérité est assez mauvaise pour tout. "

"Vos informations sont correctes?" dit Théophraste avec un soupir.

"Je suis allé à la source, aux documents originaux", raconte Adolphe. "Je vais vous dire ce que j'ai appris ; *et vous pourrez me redresser si je me trompe*."

"Continuez", dit Théophraste d'un ton patient et résigné. "Je dois en tirer le meilleur parti."

" D'abord *vous êtes né au mois d'octobre 1693 et vous vous nommez Louis-Dominique Cartouche* ... "

"Cela ne sert à rien de m'appeler Cartouche", interrompit Théophraste en sortant un vairon de la boîte à appâts. "Il n'y a aucune raison pour que quiconque le sache. Vous savez ce que sont ces gens de la campagne : ils riraient à cette idée. Appelez-moi l' *Enfant* : je préfère ça."

"Tu es d'accord que *Cartouche* est ton vrai nom et non un surnom ?" insista Adolphe.

" Arrêtez-le ! Arrêtez-le ! C'est un nom ignoble ! " dit Théophraste avec impatience.

"On raconte que vous avez été bien élevé au collège de Clermont et que vous y avez été élève en même temps que Voltaire. Mais ce n'est qu'une légende : à moins que vous n'ayez appris à lire auprès des bohémiens , vous n'avez jamais appris à lire du tout."

"J'aime ça!" s'écria Théophraste. "Comment aurais-je pu apprendre à écrire si je ne savais pas lire ? Et si je ne savais pas écrire, comment aurais-je pu rédiger le document que j'ai caché dans les caves de la Conciergerie ?"

"C'est assez raisonnable. Mais lors de votre procès..."

"Ai-je eu un procès ?" interrompit Théophraste avec empressement.

« Je devrais penser que c'est le cas – un procès très célèbre ! dit Adolphe. "Et lors de votre procès, vous avez déclaré que vous ne saviez pas écrire. Vous avez signé toutes vos dépositions d'une croix et vous n'avez jamais écrit une ligne à personne."

"Parce qu'il ne faut jamais rien mettre par écrit", dit Théophraste avec fermeté. "J'avais sans doute peur de me compromettre. Pourtant le document existe."

"C'est vrai. Mais revenons à ta onzième année. Un jour, tu es allé avec quelques-uns de tes camarades à la foire de Saint-Laurent..."

" Écoute, Adolphe : ne pourrais-tu pas le dire autrement ? Tu dis sans cesse : ' *Tu* es allé avec tes camarades à la foire de Saint-Laurent'... ' *Tu* es né en 1693'... 'Tu étais une école - camarade de Voltaire. Après tout, si j'avoue que j'étais *Car* ... il s'arrêta net, l' *Enfant* , je suis aussi Théophraste Longuet ; et je peux vous assurer que Théophraste Longuet n'est pas du tout flatté d'avoir été *Car*, l'*Enfant*. Rendez à chacun ce qui lui est dû. ... Je vous serais très reconnaissant si vous disiez que "L'*Enfant* est allé avec ses camarades de classe".

"Certainement... certainement. A la foire de Saint-Laurent, le petit Cartouche..."

« L'*Enfant !* »

"Mais tu n'étais pas encore appelé l'*Enfant* ... tu n'as pas été appelé l'*Enfant* avant d'être un homme..."

"Eh bien, dis : 'Petit Louis-Dominique.'"

"Louis-Dominique est tombé au milieu d'une troupe de bohémiens ..."

"Cela vous montre que les parents ne devraient jamais laisser leurs enfants aller seuls aux foires", dit solennellement Théophraste.

" Les bohémiens l'ont enlevé ; ils l'ont volé... "

"Pauvre petit Louis-Dominique : il mérite notre pitié", dit Théophraste d'un ton de compassion chaleureuse. "Est-ce qu'ils expriment de la pitié pour lui dans les livres ?"

"Ils disent qu'il n'a fait aucune difficulté à se faire voler."

"Et qu'est-ce qu'ils en savent !" s'écria Théophraste avec indignation.

— Eh bien, les bohémiens lui ont appris le jeu des gourdins, l'escrime, le tir au pistolet, l'art de sauter de toit en toit, de jongler, de culbuter...

"Toutes choses très utiles", dit Théophraste d'un ton d'approbation.

"On lui a appris à vider les poches des commerçants et des gentilshommes sans qu'ils s'en aperçoivent. Oh ! c'était un gentil garçon ! Personne ne pouvait le toucher au col des mouchoirs, des tabatières, des montres, des nœuds d'épée..."

"Ce n'était pas du tout sympa !" s'écria Théophraste d'un ton scandalisé .

"Oh ! Si c'était tout !" dit Adolphe sombrement. "La troupe des bohémiens était à Rouen, lorsque Louis-Dominique tomba malade."

"Pauvre petit garçon ! Il n'a jamais été fait pour une telle vie", s'écria Théophraste avec compassion.

"Il fut envoyé à l'hôpital de Rouen ; et là un frère de son père le trouva. Il le reconnut , l'embrassa avec des larmes de joie et jura de le rendre à ses parents."

" Quel brave garçon cet oncle ! Louis-Dominique était sauvé ! " s'écria Théophraste avec joie.

M. Lecamus perdit patience, se tourna brusquement vers Théophraste et le pria de cesser ses interruptions continuelles, déclarant qu'il lui faudrait dix bonnes années pour raconter l'histoire de Cartouche, s'il ne pouvait se résoudre à l'écouter sans ces commentaires.

"C'est très bien que tu dises ça!" » dit Théophraste avec un peu de chaleur. " Mais j'aimerais *vous voir* à ma place ! Cependant, je ferai ce que vous voudrez ; mais dites-moi d'abord si Cartouche était aussi redoutable qu'on dit : était-ce un chef de brigand ? "

"Il l'était effectivement."

"De nombreux brigands ?"

« Rien qu'à Paris, il commandait environ trois mille hommes.

"Trois mille ? Bon Dieu ! C'est beaucoup !"

« Vous aviez plus de cinquante lieutenants ; et il y avait toujours dans une ville une vingtaine d'hommes habillés exactement comme vous — dans un habit brun rougeâtre , doublé de soie amarante et portant un morceau de tissu noir sur l'œil gauche — pour dissuader la police. votre piste."

"Oh, ho ! c'était une maison d'une certaine taille !" » dit Théophraste d'un ton de fierté irrépressible.

"On vous attribue plus de cent cinquante meurtres commis de votre propre main."

Pendant tout ce temps, Théophraste pêchait avec un vairon sans avoir eu la moindre raison de soupçonner l'existence dans les eaux de la Marne d'un quelconque poisson ayant le moindre appétit pour son appât vivant. Tout d'un coup, le flotteur que le vairon traînait doucement parmi les coeurs verts des nénuphars parut frappé de frénésie. Il sauta hors de l'eau et s'y replongea, avec une rapidité si inattendue et avec une hâte si résolue, qu'il disparut dans les profondeurs, emportant avec lui toute la ligne qui l'unissait à la verge qui l'unissait à la main de Théophraste. . Le malheur était qu'après avoir emporté toute la ligne, il emportait aussi avec lui toute la verge, de sorte que plus rien ne l'unissait plus à la main vide de Théophraste.

"Le canaille !" s'écria Théophraste avec un geste de désespoir, de telle manière qu'il est impossible de dire s'il employa cette expression forte, si rare dans sa bouche, du meurtrier du passé ou du poisson du présent.

Il ajoute cependant : "Il devait peser quatre bons kilos !"

Tout bien considéré, Théophraste parut regretter plus amèrement la perte de son poisson que ses cent cinquante meurtres.

Adolphe lui présenta ses condoléances et continua son histoire.

« Ce bon oncle, dit-il, a tiré le petit Cartouche de son misérable état, l'a retiré de l'hôpital de Rouen et l'a rendu à ses parents. Il y avait de la joie dans la rue du Pont-Chou, c'était au numéro 9 de la rue du Pont-Chou. que le petit Cartouche était né et que son père exerçait le métier de tonnelier. Louis-Dominique, averti par ses premiers malheurs, jura qu'à l'avenir il n'y aurait pas de fils plus obéissant ni d'apprenti plus stable que lui dans tout Paris. Il aida son bon son père fabriquait des tonneaux ; et c'était un plaisir de le voir manier le marteau et l'herminette du petit matin jusqu'à la rosée du soir. Il semblait se donner pour première tâche d'oublier son absentéisme désastreux. Les quelques mois qu'il avait passés en compagnie du les bohémiens lui avaient cependant rendu quelques services en ce sens qu'ils lui avaient appris certains arts de plaire ; et à l'heure du dîner, il amusait ses collègues ouvriers par des tours de prestidigitation, et les jours de vacances, on se pressait pour inviter sa famille à dîner. afin que la société puisse s'amuser de sa dextérité et de son humour . Il eut un grand succès dans le quartier ; et sa renommée grandissante le remplissait d'orgueil.

« Dans ces occupations, il atteignit cet âge heureux où le moins sensible des êtres humains sent battre son cœur éveiller en lui les sentiments les plus tendres ; et Louis-Dominique tomba amoureux. L'objet de ses affections était charmant. Elle était une petite modiste de Rue Portefoin , aux yeux bleus, aux cheveux d'or, à la taille élancée et coquette à l'extrême...

"Mais je ne vois rien de mal à tout cela", interrompit Théophraste. "Tout cela est très naturel et ne montre aucun signe de dépravation. Comment il a si mal tourné dépasse mon entendement."

Adolphe le regarda d'un air sombre et dit : « Je viens de vous dire que la petite modiste était une coquette. Elle aimait les toilettes, les parures et les bibelots, et brûlait d'éclipser ses amies. Très vite, les modestes gains de Louis-Dominique diminuèrent. pas suffisant pour payer ses fantaisies... »

"Oh, ces femmes !" s'écria Théophraste en serrant les poings.

— Vous semblez oublier que vous avez une femme qui est votre principale joie et votre principale fierté, dit Adolphe avec quelque sévérité.

"C'est vrai", dit Théophraste. "Mais vous oubliez que je m'intéresse aussi profondément aux aventures de l' *Enfant* que si elles étaient les miennes ; et je suis naturellement irrité de le voir compromettre si sérieusement son avenir pour une petite modiste de la rue Portefoin ."

"Eh bien, bientôt il vola son père; et son père ne tarda pas à s'en rendre compte. Il obtint un mandat de dépôt par lequel il put faire entrer son fils au couvent des Lazaristes du faubourg Saint-Denis, qui était en réalité une maison. de correction."

"Tout comme les parents !" » dit Théophraste avec amertume. « Au lieu de combattre les mauvais instincts de leurs enfants par la bonté, ils les poussent au désespoir en les enfermant dans ces crapuleuses maisons de correction, où ils ne trouvent que de mauvais exemples, et où l'esprit de révolte fermente, prend des forces, déborde et étouffe. tous les autres sentiments dans leurs jeunes âmes innocentes. Je parierais n'importe quoi que s'ils n'avaient pas enfermé Louis-Dominique dans une maison de correction, aucun des autres n'aurait suivi !

— Ne vous inquiétez pas pour ça, dit sèchement Adolphe. "Louis-Dominique n'a pas été enfermé dans une maison de correction."

"Comment est-ce arrivé?" dit Théophraste d'un ton moins éloquent.

" Son père ne l'informa pas de la découverte de ses vols, mais un dimanche matin, il l'invita à venir se promener. Louis-Dominique l'accompagna avec plaisir, car il était de très bonne humeur et avait mis ses plus beaux atours. vêtements avec l'intention d'emmener sa chérie au Palais-Royal dans l'après-midi. Mais lorsque son père prit le chemin du Faubourg Saint-Denis, Louis-Dominique commença à dresser les oreilles. Il savait qu'au bout du Faubourg étaient les Lazaristes ; et il savait aussi que les parents amenaient parfois leurs enfants chez les Lazaristes. Cependant, il ne montra aucune de la méfiance qui jaillissait de sa conscience inquiète ; mais lorsqu'ils arrivèrent au coin de la rue du Paradis et des immeubles de Saint- Lazare se leva devant eux, il parut à Louis-Dominique que son père avait l'air tendu, et il prit aussitôt une aversion pour le quartier ... Il resta un peu en arrière.

"Lorsque son père se tourna pour le chercher, Louis-Dominique avait disparu ; et il ne devait plus jamais le revoir."

"Et c'est tout à fait vrai !" s'écria Théophraste avec chaleur. "A sa place, j'aurais dû faire exactement la même chose !"

" *Mais tu étais à sa place* ", dit Adolphe.

"Ah, oui... oui... bien sûr que je l'étais ! Je continue de l'oublier", dit Théophraste avec moins de chaleur.

Théophraste regardait toujours avec émerveillement

*Voir page 157*

" Eh bien, on a ensuite entendu parler de vous dans une maison peu recommandable de l'autre côté de la Seine. Vos jolies manières ont été appréciées par les habitués de la taverne *des Trois Tuns*, au coin de Rat Street. Mais comme il n'y avait aucun crédit de ce côté-là de la Seine. la Seine, vous étiez alors dans la nécessité d'utiliser les connaissances que vous aviez apprises des bohémiens et vous entrepreniez d'alléger les poches des passants de tout ce qui les alourdissait : tabatières, bourses, mouchoirs, bonbonnières, et des boîtes de brassage.

" Au bout d'un moment, vous devenez le complice d'un coquin du nom de Galichon , qui s'était pris d'affection pour vous. Vous avez épousé la sœur de sa femme. Le mariage est devenu chez vous une véritable habitude ; car, lorsqu'au bout de six mois Galichon , sa femme et la sœur de sa femme ont été condamnées aux galères, vous avez épousé un pickpocket peu commun de la rue de la Bucherie , et avec elle vous avez exercé votre métier au Palais-Royal.

"Honteux!" s'écria Théophraste, accablé de honte.

" Mais bientôt vous avez été soufflé dessus et obligé de mettre votre ruse à la disposition des sergents recruteurs. La méthode de recrutement à cette époque était assez simple : les sergents recruteurs, auxquels on amenait des jeunes gens simples ou des gens en haillons. Des gens sans foyer enivraient tout le monde, et quand ils se réveillaient le lendemain matin, sobres, ils s'apercevaient qu'ils s'étaient enrôlés et qu'ils devaient partir à la guerre. Vous avez fourni des recrues aux sergents recruteurs à un prix fixe. Mais vous avez été pris à votre propre piège ; car, après avoir amené un soir deux jeunes gens chez un sergent recruteur, vous vous êtes réjouis avec eux dans une taverne appelée les Amoureux de Montrueil , et vous vous êtes réveillé le lendemain matin en vous apercevant que vous aviez signé vous-même, c'est vous qui étiez le recruteur recruté."

"Eh bien, je ne m'en plains pas", dit Théophraste. " J'ai toujours eu un goût pour l'armée. D'ailleurs, si je m'engage, cela prouve que je sais écrire ; et vous pouvez le dire par moi aux historiens. "

Une horloge à Esbly sonnait six heures et demie et les avertissait qu'il était temps de rentrer dîner.

Adolphe interrompit son récit et mit en pièces sa verge ; et ils partirent pour la maison.

Chemin faisant, Théophraste dit : « Dis- moi, Adolphe : comment étais-je ? Je suis curieux de savoir. J'étais un homme bien, n'est-ce pas ? Grand et bien fait ?

"Tu es ainsi sur scène dans ce morceau d' Ennery . Mais en réalité, tu étais, selon le poète Granval , un homme qui te connaissait bien et chantait ta gloire..."

"Mon quoi?" s'écria Théophraste.

"Ta gloire sanguinaire, tu étais :

« Brun, desséché, maigre et petit, grand par le courage, téméraire et vif, robuste, alerte, adroit. »

Théophraste fronça les sourcils comme s'il aurait préféré une image plus romantique ; puis il dit : « Vous ne m'avez pas dit comment vous avez obtenu ce portrait dans la maison de la rue Guénégaud .

"C'est une copie d'une photographie de Nadar."

"Mais comment diable Nadar a-t-il pris ma photo ?" s'écria Théophraste avec une extrême surprise.

"Il l'a pris sur un masque de cire qui devait vous ressembler beaucoup, puisqu'il a été moulé sur votre visage sur ordre du Régent. Nadar a photographié ce masque le 17 janvier 1859."

"Et où le trouve-t-on ?" » dit Théophraste avec empressement.

"Au Château de Saint-Germain."

"Je dois voir ce masque !" s'écria Théophraste, il faut que je le voie et que je le touche ! Nous irons demain à Saint-Germain.

A ce moment, la souriante Marceline leur ouvrit la porte de la Villa Azure Waves.

# CHAPITRE VIII

## LE MASQUE DE CIRE

À ce stade, je laisse Théophraste reprendre le récit.

« J'avais le plus grand désir, écrit-il, de voir et de toucher cette cire qui avait été moulée sur ma propre peau ; et ce désir devint, si possible, plus fort quand Adolphe me raconta que le château de Saint-Germain - en- Laye possédait le portrait en cire du célèbre Cartouche depuis le 25 avril 1849. Il lui avait été offert par un abbé Niallier , qui en avait hérité par la volonté d'un monsieur Richot , officier de la maison de Louis XVI, qui l'avait depuis de nombreuses années et qui était d'autant plus précieux qu'il appartenait à la famille royale.

" Ce buste a été moulé par un artiste florentin quelques jours avant mon exécution. Il porte un bonnet de laine ou de cuir brut ; et il est vêtu d'une chemise de gros lin recouverte de suie, ainsi que d'un gilet et d'une veste de camelet noir. Mais le plus extraordinaire, c'est que mes cheveux et ma moustache ont été coupés après mon exécution et collés sur mon masque ! Le portrait est enfermé dans un grand cadre profond et doré, un très joli ouvrage. une vitre vénitienne protège le portrait, et l'on voit encore sur le cadre de légères traces des armes de France.

" J'ai demandé à Adolphe comment il avait obtenu ces détails précis. Il m'a répondu qu'ils étaient le résultat de deux jours de travail à la Bibliothèque nationale.

" Mes cheveux ! ma moustache ! mes vêtements ! Tout comme ils étaient il y a deux cents ans ! Malgré l'horreur qu'auraient dû m'inspirer les reliques d'un homme qui avait commis tant de crimes, j'avais peine à me contenir dans mon impatience. pour les voir et les toucher. Ô mystère de la Nature ! Profond abîme de l'âme ! Précipice vertigineux du cœur ! Moi, Théophraste Longuet , dont le nom est synonyme d' honneur , moi qui ai toujours eu peur du sang versé, je *chérissais déjà* dans mon cœur les reliques du plus grand brigand du monde !

"Quand je repris mes esprits après la vue du portrait de la rue Guénégaud , je fus d'abord étonné de ne pas me trouver dans un état de désespoir assez amer pour me dégoûter de la vie et me replonger dans le tombeau. Non : je n'a pas songé à supprimer cette enveloppe, à visage d'honnête homme, qu'on appelait au XXe siècle « Théophraste Longuet », qui enfermait et portait partout dans le monde l'âme de Cartouche. Sans doute, au premier moment d'une telle révélation, Le moins que je pouvais faire, c'était de m'évanouir ; et je l'ai fait. Mais au lieu de trouver le désespoir dans mon cœur, j'ai trouvé une grande compassion, qui m'a arraché des larmes non seulement pour mon malheur, Théophraste, mais aussi pour Cartouche. Je me suis demandé en effet, qui s'en sortait le mieux, l'honnête Théophraste traînant en lui le brigand Cartouche, ou le brigand Cartouche enfermé dans l'honnête Théophraste.

"'Nous devons essayer de nous comprendre', dis-je à voix haute.

" A peine ces mots avaient-ils franchi mes lèvres qu'une lumière éblouissante s'éclaira sur moi, alors que je me rappelais la théorie de la Réincarnation que m'avait révélée M. Lecamus .

"Tout l'objet de l'évolution est l'évolution de l'âme réincarnée vers le Meilleur. C'est l'Ascension Progressive de l'Être dont le commissaire Mifroid nous avait parlé avec un si délicieux sérieux. Il était bien évident que les puissances qui régulent le processus de réincarnation n'avait rien trouvé de plus honnête sur terre que le corps de Théophraste Longuet pour permettre à l'âme criminelle de Cartouche d'évoluer vers le Meilleur.

"Je dois avouer que lorsque cette idée s'est emparée de moi, au lieu du désespoir enfantin qui m'avait fait évanouir, je me suis senti envahi d'un sentiment plus proche de l'orgueil. J'ai été chargé par le Logos Planétaire, moi, l'humble, l'honnête Théophraste, pour régénérer dans une splendeur idéale cette âme de ténèbres et de sang, l'âme de Louis-Dominique Cartouche, dit l' *Enfant* ... J'acceptai volontiers, ne pouvant faire autrement, cette mission inattendue et aussitôt je me mis en route. Je n'ai pas répété la phrase : " Il faut qu'on s'entende " ; mais j'ai aussitôt ordonné à Cartouche d'obéir à Théophraste ; et je me suis promis de lui en donner un tel temps, que je n'ai pu m'empêcher de dire avec un sourire : « Pauvre vieux Cartouche !

« J'ai confié ces réflexions à Adolphe, qui les a reçues avec approbation, mais en même temps m'a mis en garde contre ma tendance à séparer Théophraste de Cartouche.

"'Il ne faut pas oublier, dit-il, qu'ils ne font qu'un. Vous avez les instincts de Théophraste, c'est-à-dire des planteurs de choux (jardiniers, maraîchers) de la Ferté -sous- Jouarre . Ces instincts " Vous êtes bons. Mais vous avez aussi l'âme de Cartouche, qui est détestable. Prenez garde : la guerre est déclarée. La question est de savoir qui vaincra, l'âme d'autrefois ou les instincts d'aujourd'hui. "

"Je lui ai demandé si l'âme de Cartouche était vraiment tout à fait détestable, ce qui m'aurait chagriné. J'ai été heureux d'apprendre qu'elle avait ses bons côtés.

« Cartouche, dit-il, défendait expressément à ses hommes de tuer ou même de blesser les voyageurs sans raison. Lorsqu'il travaillait à Paris avec l'une de ses bandes, et que ses hommes lui amenaient des prisonniers, il leur parlait avec la plus grande politesse et la plus grande douceur et leur fit restituer une partie de leur butin. Parfois l'affaire se bornait à un simple échange de vêtements. Lorsqu'il trouva dans les poches de l'habit ainsi échangé des lettres importantes, il courut après son défunt propriétaire pour lui donner il les lui rendit, lui souhaita une bonne soirée et lui donna le mot de passe. C'était une maxime de cet homme extraordinaire que personne ne devait être volé deux fois dans la même nuit, ni traité trop durement, afin que les Parisiens ne puissent pas je n'aime pas sortir le soir.

"Comme il était opposé au meurtre déraisonnable, il est clair que cet homme n'était pas tout à fait méchant. Je regrette cependant que, en ce qui le concerne lui-même, il ait eu au cours de sa vie cent et cinquante raisons pour assassiner ses contemporains.

"Mais pour en revenir au masque de cire, mon ami Adolphe et moi venions de descendre du train à la gare Saint-Germain lorsque j'ai cru apercevoir parmi un groupe de voyageurs une silhouette que je connaissais. Animée par un sentiment qui n'était pas entièrement sous mon contrôle, je me suis précipité vers le groupe, mais la silhouette avait disparu.

"'Cette forme me répugne essentiellement. Où l'ai-je vue ?' me disais-je, et Adolphe me demanda la raison de mon excitation. Tout à coup je m'en souvins.

"'Je pourrais jurer que c'était Signor Petito , le professeur d'italien qui habite dans l'appartement au-dessus de nous !' m'écriai-je. "Que fait le signor Petito à Saint-Germain ? Il ferait mieux de ne pas me gêner !"

"'Qu'est-ce qu'il a fait ?' dit Adolphe quelque peu surpris de l'emphase avec laquelle j'ai prononcé cette dernière phrase.

"'Oh, rien, rien. Seulement s'il me gêne, je vous jure *que je lui couperai les oreilles !*'

" *Et j'aurais fait ce que j'ai dit, tu sais.*

"Nous allâmes alors, sans plus nous occuper de Signor Petito , au Château, ce merveilleux Château. Nous entrâmes dans le musée; et j'étais extrêmement ennuyé de constater que ces chambres qui connaissaient toute l'histoire de France, et auraient servi car les cadres de notre passé, même s'ils étaient vides, devraient servir aujourd'hui de bazar aux plâtres romains, aux armes préhistoriques, aux défenses d'éléphants et aux bas-reliefs de l'arc de Constantin. Mais mon agacement se transforma en fureur. Quand j'appris que le masque de Cartouche n'était pas là. Je venais d'enfoncer furtivement la férule de mon parapluie vert dans l'oeil d'un légionnaire en plâtre et de la briser, lorsqu'un vieux gardien vint nous dire qu'il était sûr qu'il y avait un masque de Cartouche à Saint-Germain et il crut qu'il était dans la bibliothèque ; mais celle-ci était fermée depuis huit jours pour réparation.

« Nous décidâmes de revenir à une occasion plus favorable ; car plus le masque se retirait, plus je brûlais de le toucher.

"Nous sortîmes sur la terrasse, car c'était une journée glorieuse, et nous enfonçâmes dans la forêt, en empruntant une magnifique allée, qui nous conduisit aux loges construites devant le Château par le désir de la reine Anne d'Autriche.

"En arrivant à l'angle gauche du mur, je crus reconnaître une fois de plus , se faufilant dans un bosquet, l'abominable silhouette et le visage repoussant du Signor Petito . Adolphe affirma que je me trompais.

« Était-ce parce que je foulais ce vieux sol que je connaissais, parce que je me trouvais dans cette forêt amicale parmi ces arbres familiers, ou était-ce le résultat d'une longue et suggestive conversation sur les temps anciens et les gens d'autrefois ? un souvenir soudain naquit en moi, un souvenir très agréable, comme parfois revient un émouvant souvenir de sa jeunesse, des jours qu'on croyait à jamais perdus, enfouis dans la mémoire. Et puis je vis bien que j'étais *le même âme, car je me souvenais de Cartouche comme si deux cents ans de mort* ne nous séparaient pas .

"Oui, j'avais la même âme, depuis longtemps la même âme : à un bout il y avait Cartouche, à l'autre Théophraste.

"Je me souvenais du bon vieux temps; et surtout je me le rappelais lorsque nous avions dépassé le mur nord, en nous enfonçant toujours plus profondément dans la forêt. Je me jetai sur la pelouse au pied d'un arbre immémorial, les yeux pétillants d'une étonnante jeunesse. feu, et regardant autour de moi l'endroit que je connaissais si bien, je dis :

" " Ah ! Adolphe ! la dernière fois que j'ai été ici, ma fortune était à son comble. J'étais craint et aimé de tous. J'étais même aimé, Adolphe, de mes victimes, je les pillais si gracieusement qu'après elles allaient dans Paris en chantant mes louanges. Je n'étais pas encore en proie à cette terrible soif de sang qui devait me pousser quelques mois plus tard aux crimes les plus atroces. Tout allait bien pour moi, craint et aimé de tous, j'étais heureux, léger, d'une splendide audace, magnifique en amour, de la plus belle nature du monde, et *maître de Paris* .

"'Vous souvenez-vous de cette glorieuse nuit de septembre où nous sommes entrés par effraction dans la maison de l'ambassadeur d'Espagne, sommes entrés dans la chambre de sa femme, avons pris toutes ses robes brodées de soie et de velours, une boucle sertie de vingt-sept gros diamants (un on croirait presque que c'est arrivé hier), un collier de perles fines, six assiettes d'or, six couteaux et fourchettes d'or et dix gobelets en vermeil (quelle chose quelle chose merveilleuse, mon cher Adolphe, le phénomène de la mémoire ! ) Vous souvenez-vous comment nous avons enveloppé les bijoux et l'assiette dans des serviettes et sommes allés souper (oh ! quelle soirée !) chez La Belle Hélène, qui, vous vous en *souvenez*, tenait la taverne du Cœur ?

"Maintenant, je me demande, pourquoi ai-je dit : " *Tu te souviens* " ? Il faut que je te considère comme un ami que j'avais à l'époque, aussi fidèle que toi, et que j'aimais tout autant - Vieux Facile à vivre - mon ami préféré . *Par la volonté de Madame Phalaris !* C'était un brave garçon, sergent de la garde de la ville et un de mes lieutenants. Combien de ces gardes de la ville j'avais parmi mes hommes! Pourquoi, quand j'ai été arrêté, *une centaine et cinquante d'entre eux, officiers et hommes, s'enfuirent aux colonies* de peur que je ne me sépare : ils n'en avaient pas besoin : la torture ne m'arracha jamais un mot !

"'Vous souvenez-vous de la nuit où vous étiez de garde au Palais-Royal et où vous avez volé les bougeoirs en vermeil du Régent ?'"

La voix de Théophraste s'éteignit rêveusement dans les perspectives du passé ; mais M. Adolphe Lecamus ne disait rien : sa figure était rouge ; et il respirait fort.

Bientôt Théophraste se réveilla de son rêve pour raconter à son ami un autre exploit scandaleux, le vol de bons du Mississippi d'une valeur d'un million trois cent mille francs au grand financier Law. Il a terminé l'histoire en disant : « Comme deux cents ans changent un homme ! »

Puis il commença à rire de cette phrase. Il plaisantait, vraiment. Ainsi en est-il du commerçant parisien d'aujourd'hui : il commence par mourir de peur pour un rien et finit par rire de tout. Théophraste Longuet en était arrivé à se moquer de lui-même. L'antithèse surnaturelle et terrifiante entre Cartouche et Longuet , qui l'avait d'abord plongé dans la terreur la plus sombre, devint quelques jours plus tard une plaisanterie ! Le misérable insultait le Destin ! Il se moquait du tonnerre ! Son excuse est qu'il n'a pas réalisé la gravité de son cas.

Adolphe ne montrait que peu d'appréciation pour son humour . Au crépuscule, ils rentrèrent à Paris ; et comme ils sortaient de la gare Saint-Lazare, il dit à Théophraste :

" Dis- moi, Théophraste, quand tu es Cartouche et que tu te promènes dans Paris et que tu observes sa vie, qu'est-ce qui t'étonne le plus ? Est-ce le téléphone, ou le chemin de fer, ou les automobiles, ou la Tour Eiffel ? "

"Non non!" » dit rapidement Théophraste. "Ce sont les policiers !"

# CHAPITRE IX

## POSITION ÉTRANGE D'UN PETIT CHAT VIOLET

Il semblerait que le Destin qui gouverne l'humanité prenne un plaisir détestable à faire précéder les joies les plus sereines des pires catastrophes. Jamais les trois amis n'avaient autant apprécié un dîner que celui qu'ils prirent ce soir-là au café Des Trois Etoiles. Ils dînèrent bien, le café était excellent, et les cigares qu'Adolphe avait apportés avec lui, ainsi que les cigarettes russes que fumait Marceline, étaient excellents aussi. Ils s'attardèrent longtemps à causer ensemble après le dîner ; et leur conversation, qui, sous la direction d'Adolphe, ne s'éloignait jamais du domaine de l'occulte qui les concernait maintenant si pratiquement, était intéressante et fascinante, malgré le fait que ce Parisien invétéré Théophraste plaisantait de temps en temps sur son situation dangereuse. À dix heures et demie, ils quittèrent le restaurant et retournèrent à pied à l'appartement de la rue Gerando . Adolphe leur souhaita une bonne nuit en bas de l'escalier.

Cet appartement consistait en un hall étroit, presque rempli, et certainement exigu, par un coffre en chêne poli. Dans cette salle s'ouvraient quatre portes, celles de la cuisine et de la salle à manger à gauche, celles du salon et de la chambre, qui donnaient sur la rue, à droite. Il y avait une troisième fenêtre donnant sur la rue, celle de la petite pièce dont Théophraste avait fait son bureau. *Cette étude avait deux portes ; l'une donnait sur la chambre, l'autre sur la salle à manger.* Dans ce bureau se trouvait un bureau adossé au mur ; et il y avait des tiroirs au-dessus et au-dessous de sa table à écrire. Cette table à écrire s'abaissait et se fermait, et était fermée par une serrure quelque peu élaborée au bord du plateau du bureau. Lorsqu'il était verrouillé, tous les tiroirs étaient également verrouillés. En règle générale, Théophraste plaçait un petit chat violet sur la serrure de la serrure, autant pour le cacher que pour l'orner.

Ce petit chat violet, aux yeux de verre, n'était qu'une ingénieuse boule de soie qui faisait office d'essuie-stylo et de pelote à épingles. À environ quatre pieds du bureau se trouvait une très petite *table à thé* .

En entrant dans leur appartement, Théophraste et Marceline, comme c'était leur habitude, cherchèrent soigneusement dans chaque pièce un cambrioleur caché. N'ayant, comme d'habitude, pas réussi à en trouver un (Dieu seul sait ce qu'ils en auraient fait s'ils l'avaient fait !), ils se couchèrent l'esprit tranquille. Théophraste , le plus timide des deux, dormait près du mur. Ils s'endormirent bientôt, Théophraste ronflant doucement.

Nuit. Pas une voiture dans la rue. Silence.

Les ronflements de Théophraste cessèrent. Était-ce parce qu'il s'était endormi plus profondément ? Non : il ne dort plus. Sa gorge est sèche ; il regarde les ténèbres avec des yeux effrayés ; il saisit d'une main froide, une main que la peur glace, l'épaule de Marceline et la réveille.

Il dit d'une voix basse, si basse qu'elle ne l'entend même pas : « Tu entends ?

Marceline retient son souffle ; elle serre la main glacée de son mari. Ils tendent l'oreille ; et ils entendent sans doute quelque chose... *dans l'appartement* .

En vérité, il n'y a pas de quoi rire. L'homme qui peut rire d'un bruit inexplicable, la nuit, *dans un appartement* , n'est pas encore né ! Il y a des hommes courageux, d'une bravoure splendide, qui ne reculent devant rien, qui se promènent la nuit n'importe où, dans les rues les plus vides des quartiers les plus mal famés, qui n'hésitent pas à s'aventurer, rien que pour le plaisir, dans des impasses sans lampe . Mais je vous le dis, parce que c'est la vérité, et vous savez que c'est la vérité, que l'homme qui peut rire d'un bruit inexplicable, la nuit, *dans un appartement* , n'est pas encore né.

Nous avons déjà vu Théophraste sans sommeil la nuit de la révélation du terrible secret surgi des pierres de la Conciergerie. L'inquiétude qui pesait sur son cœur cette nuit-là, si terrible qu'elle ait été, n'était rien comparée à celle qui l'étranglait maintenant, car il y avait la nuit, *dans l'appartement* , un bruit inexplicable.

C'était vraiment un bruit étrange, mais sans aucun doute réel ; c'était un long *pur -rrrrrrrr* . Cela venait de derrière le mur de la pièce voisine.

Ils se redressèrent sans bruit dans leur lit, les cheveux hérissés et des gouttes de sueur froide perlant sur leurs fronts. De l'autre côté du mur venait l'étrange *pur -rrrrrrr* . C'était le ronronnement d'un chat ; ils reconnurent ce ronronnement : c'était le ronronnement du petit chat violet. Marceline se glissa sous les vêtements et murmura :

"C'est le ronronnement du chat violet. Va voir ce qu'il a, Théophraste."

Théophraste ne bougeait pas ; il aurait donné cent mille tampons pour se promener sur le boulevard à midi.

"Ce n'est pas naturel qu'il ronronne ainsi", a-t-elle ajouté. "Allez voir ce qu'il a. Il le faut, Théophraste ! Sortez votre revolver du tiroir."

Théophraste trouva la force de dire faiblement : « Vous savez bien qu'il n'est pas chargé.

Ils écoutèrent encore ; le ronronnement avait cessé ; Marceline commençait à espérer qu'ils s'étaient trompés. Alors Théophraste gémit, sortit du lit, prit le revolver et ouvrit doucement la porte menant à son bureau. Il faisait clair sous une nappe de clair de lune ; Et ce que Théophraste vit le fit reculer avec un cri sourd, fermer la porte et s'y appuyer comme pour empêcher ce qu'il voyait d'entrer dans la chambre à coucher.

"Qu'est-ce que c'est?" dit Marceline d'une voix rauque.

Les dents de Théophraste claquèrent en disant : « Il a cessé de ronronner ; mais il a bougé !

"Où est-il?"

"Sur la table à thé."

"Le chat violet est sur la table à thé ?"

"Oui."

« Etes-vous bien sûr qu'il était à sa place la nuit dernière ?

" Bien sûr. Je lui ai enfoncé mon épingle à foulard dans la tête. Elle était sur le bureau, comme toujours. "

"Vous avez dû l'imaginer. Et si j'allumais la lumière ?" dit Marceline.

"Non, non, nous pourrions nous échapper dans l'obscurité... Et si j'allais ouvrir la porte du palier et appeler le portier ?"

— N'ayez pas si peur, dit Marceline, qui reprit peu à peu ses esprits depuis qu'elle n'entendait plus le chat violet. "Tout cela n'était qu'une illusion. Vous avez changé de place la nuit dernière ; et il n'a pas ronronné."

"Après tout, c'est tout à fait possible", dit Théophraste, dont le seul désir était de se recoucher.

"Va le remettre à sa place", dit Marceline.

Théophraste se prépara à l'effort, entra dans le bureau, et d'une main rapide et tremblante prit le chat de la table à thé, le reposa sur le bureau et se remit précipitamment au lit.

Le chat violet fut à peine revenu sur le bureau qu'il recommença son *ronronnement -rrrrrr* . Ce ronronnement ne faisait que les faire sourire : ils savaient ce qui l'avait déclenché. Un quart d'heure s'était écoulé ; ils étaient presque endormis, lorsqu'une seconde frayeur les fit surgir sur leur lit. Un troisième ronronnement frappa leurs oreilles. Si le premier ronronnement les avait frappés de terreur et que le second les avait fait sourire, le troisième les avait effrayés jusqu'au bout.

"C'est impossible!" dit Marceline dans un murmure bavard. "On est victimes d' une hallucination ! BBB-D'ailleurs, ce nn-pas vraiment surprenant après ce qui t'est arrivé à la Conciergerie !"

Le ronronnement cessa une fois de plus. Cette fois, c'est Marceline qui se leva. Elle ouvrit la porte du cabinet, se tourna brusquement vers Théophraste et dit, mais d'une voix faible et mourante :

"Tu n'as pas remis le chat violet sur le bureau !"

"Mais je l'ai fait!" gémit Théophraste.

" *Mais c'est retourné à la table à thé !* "

"Bon dieu!" s'écria le pauvre Théophraste ; et il enfouit sa tête sous les couvertures.

Le chat violet ne ronronnait plus. Marceline devint persuadée que, dans son trouble, son mari l'avait laissé sur la table à thé. Elle le prit en retenant son souffle et le reposa sur le bureau. Le chat violet fit entendre son ronronnement pour la quatrième fois. Marceline et Théophraste l'entendirent avec la même sérénité avec laquelle ils avaient entendu le second ronronnement. Le quatrième ronronnement s'arrêta.

Un autre quart d'heure s'écoula : ils ne dormaient ni même somnolents ; et puis il y eut *un cinquième ronronnement* .

Alors, chose incroyable à raconter, Théophraste sauta du lit comme un tigre et s'écria :

" *Par les gaz de Madame Phalaris !* C'est trop une bonne chose ! Que diable fait donc ce chat violet infernal ? "

# CHAPITRE X

## L'EXPLICATION DE L'ÉTRANGE ATTITUDE D'UN PETIT CHAT VIOLET

Il faut monter à l'étage supérieur, à l'appartement occupé par Signor et Signora Petito , dans la pièce dans laquelle Théophraste, sans penser à l'imprudence qu'il commettait, avait demandé les informations nécessaires sur l'écriture du document. . Quelle imprudence y aurait-il en effet à montrer à un expert en écriture un document si déchiré, taché et oblitéré qu'il était impossible, au premier coup d'œil, d'y découvrir le moindre sens ?

Pourtant, par un hasard vraiment étrange, c'est précisément ce document dont le signor Petito et sa femme discutaient cette nuit-là.

La signora Petito disait : « Je ne comprends pas du tout, et la conduite de M. Longuet à Saint-Germain n'y jette aucune lumière nouvelle. Le fait est que vous ne vous souvenez pas des instructions, de toutes les instructions . *et prendre l'air aux Chopinettes , regarder le Coq, regarder le Gall* : tout cela est si vague. Qu'est-ce que ça veut dire ?

" La première chose que cela veut dire, c'est que le trésor se trouve aux portes de Paris, du Paris de cette époque. *Allez prendre l'air...* Mon avis est qu'il faudrait chercher dans les environs de Montrouge , ou Montmartre, à cause du Coq. Il y avait un Château du Coq au village des Porcs. Regardez ce plan du vieux Paris", dit son mari.

Ils examinèrent le plan présenté sur la table.

"C'est encore très vague", dit sombrement Signor Petito . "Pour ma part, je pense qu'il faut prêter une attention particulière aux mots 'The Gall'."

"C'est juste la chose la plus vague dans toute cette affaire", a déclaré sa femme.

"Néanmoins, je suis sûr que c'est important", a déclaré son mari. "Si je me souviens du document (et vous savez quel magnifique souvenir j'ai), il y avait un petit espace entre le mot 'le' et le mot 'Gall', et après 'Gall' un espace plus long. Donnez-moi le dictionnaire. "

La signora Petito se leva avec la plus grande précaution, traversa la pièce sans bruit et à pas de loup (elle était la conspiratrice jusqu'au bout des doigts) et apporta un petit dictionnaire. Ils commencèrent à parcourir une colonne, écrivant tous les mots qui commençaient par la syllabe fiel : Gallantly, Gallery, Galley, etc. Puis l'horloge de la cheminée commença à sonner midi.

La signora Petito pâlit et se leva ; Le signor Petito se leva, plus pâle encore.

"L'heure est venue !" dit la signora Petito . "Vous trouverez ci-dessous les informations souhaitées." Elle pointa un doigt rigide vers le sol. "Ils ne vous entendent pas dans vos pantoufles de liste. D'ailleurs, il n'y a aucun danger : ils sont à Esbly ."

Deux minutes plus tard, une silhouette sombre se glissait jusqu'à l'appartement de M. Longuet , glissait une clé dans la serrure de sa porte et entrait dans son hall. L'appartement de Théophraste était exactement de la même construction que celui du signor Petito , et il entra dans la salle à manger sans s'arrêter. Il agit avec d'autant plus de sang-froid qu'il croyait que l'appartement était vide. Il ouvrit la porte du bureau et vit le chat violet sur le bureau. Comme c'était évidemment sur la serrure du bureau qui l'intéressait, il le prit et le posa sur la table à thé. Puis il se précipita sans bruit à travers la salle à manger jusqu'au hall, car il croyait entendre des voix dans l'escalier.

Il écouta un moment à la porte de l'appartement et n'entendit rien ; sans doute ses oreilles l'avaient trompé. Puis il est revenu au bureau. Il trouva *le chat violet sur le bureau, en train de ronronner* .

Malgré leur crépus, les cheveux du signor Petito se dressaient raides sur sa tête, l'horreur qui l'emplissait ne pouvait être comparée qu'à cette autre horreur de l'autre côté du mur.

Il restait immobile, haletant, au clair de lune, même après que le petit chat violet ait cessé de ronronner. Puis il se prépara et, d'une main timide, ramassa le chat violet. Dès qu'il l'eut bougé, il se mit à ronronner ; et il apprit que, dans son intérieur en carton, il y avait une petite bille qui, en roulant d'avant en arrière , produisait une ingénieuse imitation d'un ronronnement naturel. Comme il était mort de peur, il se considérait comme un parfait imbécile. Tout était très clair ; n'avait-il pas déplacé le chat avant de sortir du bureau ? Au lieu de l'avoir posé sur la table à thé, comme il le pensait, il l'avait remis sur le bureau. Bien sûr, c'était assez simple. Il le reposa, toujours en ronronnant, sur la table à thé.

Il ne faut pas oublier que ce ronronnement, qui n'effrayait pas le signor Petito , effrayait de nouveau Théophraste et sa femme, tandis que le second ronronnement, qui avait arraché avec terreur la boucle des cheveux du signor Petito , ne les avait pas du tout effrayés.

Le chat ronronnait encore lorsqu'il y eut un autre bruit à l'extérieur de l'appartement. C'était la Signora Petito qui éternuait dans le courant d'air. Le signor Petito retourna précipitamment dans le hall et colla une fois de plus son oreille à la porte de l'appartement. Quand, rassuré, il revint au bureau, *le chat violet ronronnant était retourné au bureau* .

Il crut qu'il allait mourir de peur ; il pensait qu'une intervention miraculeuse le retenait au bord du crime. Il a prononcé une prière rapide dans laquelle il a assuré au Ciel qu'il ne continuerait pas. Cependant un quart d'heure s'écoula pour retrouver ses esprits épars ; et n'entendant plus rien, il attribua ces événements surprenants à la perturbation de l'esprit provoquée par son occupation exceptionnelle. Il prit le chat violet qui se remit à ronronner.

Mais cette fois, la porte du bureau s'ouvrit violemment ; et le signor Petito tomba évanoui dans les bras de M. Longuet , *qui n'exprima aucune surprise* .

M. Longuet jeta avec mépris le signor Petito à terre, se précipita sur le chat violet, le rattrapa, ouvrit la fenêtre, lui arracha l'épingle de son foulard et le jeta dans la rue.

« Espèce de chat bestial ! » s'écria-t-il avec une fureur inexprimable. "Tu ne nous empêcheras plus jamais de dormir !"

Le signor Petito s'était traîné sur ses pieds, ne sachant quel visage prendre, d'autant que Mme Longuet , en chemise de nuit, pointait assidûment sur lui un gros revolver brillant et nickelé. Il trouva seulement la phrase :

"Je vous demande pardon : *je pensais que vous étiez à la campagne* ."

Mais ce fut M. Longuet qui s'approcha de lui, prit entre le pouce et l'index une des longues oreilles du signor Petito , et lui dit :

"Et maintenant, *mon cher Signor Petito , nous allons avoir une petite conversation !* "

Marceline baissa le canon du revolver ; et, à la vue de son calme courage, elle regarda son mari avec une extase d'admiration.

"Vous voyez, mon cher signor Petito , je suis calme", dit Théophraste. " Tout à l'heure, en effet, j'étais de mauvaise humeur, mais c'était contre ce chat infernal qui nous empêchait de dormir. Alors je l'ai jeté par la fenêtre. Mais rassurez-vous, Signor Petito , je ne vais pas jeter vous par la fenêtre. Ma nature est juste. Ce n'est pas vous qui nous avez empêché de dormir. Vous avez pris la précaution de mettre des pantoufles. Merci beaucoup pour cela. Pourquoi alors, mon cher Signor Petito , faites-vous cette face intolérable ? Bien sûr, ce doit être votre oreille. J'ai donc une bonne nouvelle pour vous, une nouvelle qui vous mettra tout à l'aise au sujet de votre oreille : *Vous n'allez plus souffrir de vos oreilles* , mon cher Signor. Petito !"

Puis il ordonna à sa femme de mettre une robe de chambre et pria le signor Petito de venir dans la cuisine.

"Ne soyez pas surpris que je vous reçoive dans ma cuisine", dit-il. " *Je fais très attention à mes tapis, et tu saigneras comme un cochon.* "

Il traîna une table de bois blanc contre le mur jusqu'au milieu de la cuisine, et dit à Marceline d'étendre dessus un morceau de toile cirée et d'aller lui chercher le grand bol et le couteau à découper dans le tiroir de la salle à manger. buffet de chambre.

Marceline essaya de demander une explication ; mais son mari lui lança un tel regard qu'elle ne put que frissonner et obéir. Le signor Petito frissonna aussi, et tandis qu'il frissonnait, il se dirigea vers la porte de la cuisine, où, se disait-il, il n'avait rien à faire. M. Longuet , malheureusement, refusa catégoriquement de laisser partir son voisin . Il lui fit asseoir et s'assit lui-même.

" Signor Petito , " dit-il sur le ton de la plus exquise politesse, " je n'aime pas votre visage. Ce n'est pas votre faute ; mais ce n'est certainement pas la mienne. Il n'y a aucun doute que vous êtes le plus lâche et le plus méprisable des voleurs sournois. Mais qu'en est-il ? Ce n'est pas mon affaire, mais celle de quelque honnête bourreau du Roi qui vous invitera la saison prochaine *à aller moissonner à l'échelle* , où un beau jour il vous fera *flotter doucement dans la brise* pour afin que, comme un brave garçon, *vous puissiez garder les moutons de la lune* . Ne souriez pas, signor Petito . Le signor Petito ne souriait pas. "Vous avez des oreilles absurdes; et je suis sûr qu'avec des oreilles comme celles-là, vous n'osez jamais vous approcher du carrefour Guilleri ." [2]

[2] Au carrefour Guilleri se trouvait un pilori. C'est là qu'on coupait les oreilles des voleurs.

Le signor Petito joignit les mains et dit en claquant des dents : « Ma femme m'attend.

"Qu'est-ce que tu fais, Marceline ?" s'écria Théophraste avec impatience. " Ne voyez-vous pas que Signor Petito est pressé ? Sa femme l'attend ! *Avez-vous le couteau à découper ?* "

"Je ne trouve pas la fourchette", répondit la voix tremblante de Marceline.

Le fait est que Marceline ne savait pas ce qu'elle disait. Elle pensait que son mari était devenu complètement fou ; et entre le signor Petito cambrioleur et Théophraste fou, elle n'était pas d'humeur à plaisanter. Elle s'était instinctivement cachée derrière la porte d'un placard ; et telle était son agitation, qu'en se retournant un peu maladroitement, au moment où Théophraste lui hurlait une volée d'injures, elle renversa le service à dessert et le vase de Sarreguemines qui en était le principal ornement. Le résultat fut un grand fracas et la plus grande confusion. Théophraste fit encore appel à l'accélérateur de Mme Phalaris et appela Marceline avec un rugissement si furieux que, malgré elle, elle courut dans la cuisine. Un spectacle épouvantable l'attendait.

Les yeux du Signor Petito semblaient sortir de leurs orbites. Etait-ce par peur ? La peur y était pour quelque chose, mais aussi l'étouffement provoqué par le mouchoir que Théophraste lui avait mis dans la bouche. Le signor Petito lui-même était étendu de tout son long sur la table. Théophraste avait eu le temps et la force de lier ses poignets et ses chevilles avec une ficelle. La tête du signor dépassait un peu le bord de la table ; et sous sa tête il y avait un bol que M. Longuet y avait placé *pour ne pas faire de dégâts* . Théophraste lui-même, les narines frémissantes (c'est ce que Marceline remarquait surtout dans le visage effrayant de son mari), tenait l'oreille droite du signor Petito avec les doigts de sa main gauche, et sa main droite tenait un couteau de cuisine. Il grinça des dents et dit :

" *Frappez le drapeau !* "

Avec ces mots, il coupa proprement l'oreille gauche du signor Petito .

Il laissa tomber l'oreille dans une petite bassine qu'il avait préparée, attrapa l'oreille droite, la coupa, puis porta la petite bassine jusqu'à l'évier et ouvrit le robinet.

Il retourna à la cuisine ; et tandis qu'il attendait que les oreilles du signor Petito cessent de saigner, il fredonnait un vieux air français oublié, avec la figure la plus gaie du monde. Lorsque le saignement cessa, il attacha un torchon autour de la tête du signor Petito , retira le mouchoir de sa bouche, coupa la ficelle qui le liait et lui ordonna de sortir immédiatement de son appartement s'il ne voulait pas être arrêté pour cambriolage. .

Alors que l'expert en écriture gémissant quittait la cuisine, Théophraste réfléchit, se précipita vers l'évier, sortit les oreilles de la bassine et les glissa dans la poche du gilet de leur propriétaire.

"Tu oublies tout !" dit-il avec indignation. "Que penserait la Signora Petito , si vous rentriez à la maison sans vos oreilles ?"

# CHAPITRE XI

## THÉOPHRASTE SOUTIENT QU'IL N'EST PAS MORT SUR LA PLACE DE GRÈVE

Dans le récit, dans ses Mémoires, de cette terrible nuit, M. Longuet paraît attacher très peu d'importance à couper les oreilles du signor Petito . Il semble bien plus profondément préoccupé par la psychologie de Mme. Longuet . « L'âme de la femme, écrit-il, est une chose très délicate. Je l'ai compris par l'émotion de ma chère Marceline. Elle n'a pas voulu admettre que j'étais obligé de couper les oreilles du signor Petito ; et son raisonnement était incroyable et même incompréhensible. Mais je lui ai pardonné à cause de son excès de sensibilité. Elle a dit alors que je n'étais pas obligé de couper les oreilles de Signor Petito . Je lui ai répondu qu'évidemment on n'était jamais obligé de couper les oreilles d'un homme, pas plus qu'on n'était obligé de couper les oreilles d'un homme. le tuer ; et pourtant, quatre-vingt-dix-neuf hommes sur cent, affirmais-je (et personne ne me contredirait) auraient tué le Signor Petito lorsqu'ils le trouveraient dans leur appartement la nuit. Elle-même, qui n'était après tout qu'une femme. , aurait fait tout ce qu'elle pouvait pour tuer Signor Petito avec le revolver à la main, s'il avait été chargé. Elle ne l'a pas nié. Eh bien, en lui coupant les oreilles, n'ai-je pas démontré qu'il n'était pas nécessaire de le tuer ?

« Un homme préfère vivre sans oreilles plutôt que mourir avec ses oreilles ; et Signor Petito se sentait aussi profondément dégoûté des excursions nocturnes dans les appartements d'autrui que s'il avait été tué.

"J'ai agi pour le mieux avec une grande retenue et une humanité inconcevable.

" La logique de ce raisonnement la calma un peu ; et ce qui restait de la nuit se serait passé confortablement, si je ne m'étais mis en tête de lui révéler tout le mystère de ma personnalité. C'était de sa faute. Elle " J'ai insisté pour connaître la raison de mon soudain courage : ce qui était assez naturel, puisque jusqu'à ce jour je n'avais guère été un homme de courage. Ce n'est pas en vendant des tampons en caoutchouc qu'on apprend à voir le sang couler. Alors je lui ai dit franchement que j'étais Cartouche, et d'une manière vantardise qui m'a surpris, je me vantais de mes cent cinquante meurtres. Elle sauta du lit, avec tous les signes d'une extrême terreur, se réfugia derrière le canapé et m'apprit qu'elle aurait plus rien à voir avec Cartouche et j'allais divorcer. En entendant cela, j'étais profondément ému et je me mis à pleurer. Alors elle s'approcha un peu et m'expliqua combien sa situation était difficile, alors qu'elle se croyait mariée à un homme. honnête homme, et découvrit tout à coup qu'elle était la femme d'un horrible brigand ; que désormais il ne pouvait y avoir de paix pour elle. J'ai séché mes larmes et lui ai présenté mes condoléances pour son malheur. Nous décidâmes de consulter Adolphe.

" Adolphe est venu tôt le lendemain matin et a eu une longue entrevue avec Marceline dans le salon. Quand ils sont sortis, Adolphe m'a regardé tristement, m'a demandé de l'accompagner, car il avait des courses à faire ; et nous sommes descendus flâner dans Paris. En chemin, je lui ai demandé si l'étude du document avait révélé quelque fait nouveau concernant nos trésors ; et il m'a répondu que tout cela pouvait attendre, que ma santé était la première considération, et que nous prendrions tous les trois le train du soir pour Azur. Villa Vagues.

" J'ai abordé le sujet de Cartouche ; mais il a reculé, jusqu'à ce que je sois sur le point de m'emporter devant sa réticence. Puis il a commencé à en parler et s'est immédiatement réchauffé au sujet. Il a repris mon histoire au moment de mon enrôlement, et m'apprit qu'à la fin de la guerre la plus grande partie des troupes était licenciée, et que je me trouvais à Paris sans autres ressources que celles de mon ingéniosité naturelle et de mes talents particuliers. je les employai avec tant de fortune et d'adresse que mes camarades ne perdirent pas de temps pour m'élire chef, et comme nous eûmes du succès, notre bande grandit très vite en nombre.

« Or, à cette époque, la police de Paris était dans un état si misérable que je résolus d'en faire mon affaire. Mon intention était que tout le monde, gentilhomme, commerçant ou homme d'église, puisse se promener à toute heure dans toutes les régions. tranquillité dans la bonne ville de Paris. Je répartis très habilement mes troupes , nommai à chacune un district et un chef qui resterait mon obéissant lieutenant. Quand quelqu'un partait à l'étranger après le couvre-feu ou même avant, il était abordé poliment par un de mes hommes, et invité à payer une certaine somme, ou s'il n'avait pas d'argent sur lui, à se séparer de son manteau. En échange, il reçut le mot de passe et put ensuite se promener dans Paris toute la nuit. s'il le voulait, en toute sécurité, car j'étais devenu le chef de tous les voleurs.

" Je serais indigne du nom d'homme, si je n'osais admettre que, à ma honte, je m'admirais de m'être élevé à un si prodigieux sommet d'entreprise criminelle. Tout à fait criminel, hélas ! car, si mon intention de maintenir l'ordre à Paris pouvait être "C'était une idée admirable en soi, son exécution nous a entraîné à des excès que la bonne foi initiale du plan ne pouvait excuser. Les commerçants ne comprenaient pas et résistaient souvent ; et leur résistance produisait des désastres. Le clergé, cependant, n'était pas contre nous, puisque nous respections les églises. En effet un prêtre défroqué, que nous appelions le Ratlet , nous rendit quelques services qui le conduisirent bientôt à prononcer la Bénédiction les pieds en l'air, *en communi patibulo* .

" Ici j'arrêtai Adolphe pour lui demander le sens des mots latins. Il me dit que si j'avais vraiment été condisciple de Voltaire au collège de Clermont, je devrais savoir le latin, et *qu'en commun patibulo* signifiait « sur le gibet commun ».

" " Ah ! je sais : nous le passions souvent quand nous allions faire une éruption au moulin des Chopinettes , dis-je.

" " Oh ! il y avait beaucoup de gibets, répondit Adolphe en me lançant un regard dont je ne comprenais pas le sens. La bonne ville ne manquait pas de gibets, de potences et de pilori. Et même ici... "

" De nouveau il me lança un regard bizarre, et je vis que nous étions arrivés à la place de l'Hôtel -de-Ville. "Voulez-vous traverser la place de l'Hôtel -de-Ville ?" il continua.

"' Bien sûr , je vais le traverser, si c'est comme ça que tu veux aller', ai-je dit.

« L'avez-vous souvent traversé ? » il a dit.

"'Des milliers de fois.'

"'Et rien d'inhabituel ne s'est produit ? N'avez-vous ressenti aucun sentiment étrange ? Vous ne vous souvenez de rien ?'

"'Rien du tout.'

"'Y a-t-il des endroits à Paris que vous n'avez pas pu traverser ?'

"Son regard était insistant. Il semblait me parler, me faire réfléchir. Puis je me rappelai plusieurs aversions inexplicables pour les lieux que j'avais ressenties. Plus d'une fois, en me dirigeant vers la rue de l'Odéon, en me retrouvant devant l'Institut, J'avais tourné dans la rue Mazarine. A peine y avais-je mis les pieds que j'avais fait demi-tour à droite et fait un autre chemin. J'avais eu vaguement conscience de ces changements de route et je les avais mis sur le compte de la distraction. Mais le plus j'y pense, moins je crois que c'était quelque chose de pareil. En fait, je me suis retrouvé là plus de vingt fois, et plus de vingt fois j'ai rebroussé chemin. Jamais, jamais je n'ai marché là-bas. cette partie de la rue Mazarine qui commence à l'Institut et se poursuit jusqu'à l'angle de la rue Guénégaud et jusqu'au pied du Pont-Neuf. Jamais ! En même temps que j'ai longé la rue Mazarine pour me rendre aux quais, j'ai s'arrêta rue Guénégaud et la parcourut avec plaisir.

« J'ai raconté tout cela à Adolphe ; et il m'a dit : « Y a-t-il d'autres endroits devant lesquels vous reculez ?

" Puis je me rappelai en réfléchissant que je n'avais jamais traversé le Pont-Neuf ni le Petit-Pont ; et qu'il y a, au coin de la rue Vielle-du-Temple, une maison aux fenêtres grillagées devant laquelle j'ai toujours reculé.

« — Et pourquoi reculez-vous devant ces lieux et devant cette maison de la rue Vielle-du-Temple ? il a dit.

" Alors je me suis rappelé exactement pourquoi ; et la raison est la plus naturelle au monde. Je pensais n'avoir aucune raison ; mais évidemment j'en avais, car c'était à cause des pavés.

« « A cause des pavés ? » » dit-il d'un ton surpris.

« Oui : parce que les pavés de ces rues sont rouges. Les toits rouges et les murs de briques rouges ne me dérangent pas, mais les pavés rouges, je ne les supporte pas ! »

"'Et le sol de cette place de l'Hôtel -de-Ville ? Il n'est pas rouge ?' dit Adolphe en se penchant sur moi de l'air d'un médecin écoutant les battements du cœur d'un malade.

"'Pensez-vous que je suis daltonien ?'

"'Vous ne savez pas que c'était la place de Grève ?'

" 'Zounds ! C'était ici que se dressait le gibet — et le pilori, et la plate-forme sur laquelle était dressée la roue ! Les jours d'exécution ! Face à l'entrée de la rue Vannerie ! Je n'ai jamais traversé cette place sans dire à mes camarades , aux Bourguignons, Fantaisie, Gastelard et Tête de Mouton : « *Il faut éviter la roue.* " Et cela leur a été très utile ! "

" " *Ni à vous non plus !*" rétorqua Adolphe. " C'est ici que vous avez été exécuté ! C'est ici que vous avez été brisé sur la roue ! "

"J'ai éclaté de rire devant lui.

"'Qui vous a raconté cette idiotie ?' Dis-je avec indignation.

"'Tous les historiens sont d'accord..."

"'Les idiots ! Je sais bien que je suis mort à la potence de Montfaucon !' Dis-je avec une assurance absolue.

"'Vous ? Vous êtes mort à la potence de Montfaucon ?' s'écria Adolphe hors de lui. Vous êtes mort en 1721 à la potence de Montfaucon ? Mais il y avait des années qu'on n'y avait exécuté personne !

"Mais j'ai protesté encore plus fort que lui, de sorte que nous sommes devenus le centre d'une petite foule.

"Je n'ai pas dit que j'avais été pendu à Montfaucon ! la potence de Montfaucon ! J'ai dit que j'y étais mort !' J'ai pleuré.

" En le criant, j'ai dû paraître prendre à témoin de la véracité de mes propos les quarante personnes qui semblaient intéressées par notre altercation, à laquelle d'ailleurs elles n'ont peut-être rien compris, à l'exception d'un monsieur qui semblait en avoir compris le sens. c'est-à-dire, car il dit à Adolphe avec le plus grand calme et avec une extrême politesse :

"' Vous n'allez *sûrement pas apprendre à ce monsieur comment il est mort !*'

" Adolphe s'est avoué mal ; et nous avons marché bras dessus bras dessous vers le Pont-Neuf. "

# CHAPITRE XII

## LA MAISON DES MOTS ÉTRANGES

Parmi tous les papiers que j'ai trouvés dans la boîte de santal, par Théophraste lui-même, par M. Lecamus , ou par le commissaire Mifroid , ceux qui concernent la mort de Cartouche sont sans doute les plus curieux et les plus intéressants. Ils présentent en effet un grand intérêt historique puisqu'ils contredisent l'histoire. Ils le contredisent d'ailleurs avec une telle force et un raisonnement si irréfutable qu'on se demande comment des hommes aussi importants que Barbier , qui était le mieux placé pour ne pas être dupe, puisqu'il vivait à l'époque, ont pu être victimes d'une une très mauvaise comédie, et comment les générations suivantes n'ont pas su soupçonner la vérité.

L'histoire donc, l'histoire sérieuse, nous apprend que Cartouche, après avoir subi la Question dans sa forme la plus cruelle sans révéler un seul nom ni un seul fait, comment Cartouche, qui n'avait qu'à mourir et n'avait rien à espérer, fut amené place de Grève pour y être transporté. être exécuté, et que là il a décidé de se confesser ; qu'on l'a conduit à l'Hôtel-de-Ville, et qu'il a livré à la justice ses principaux complices ; après quoi il fut brisé au volant.

Les papiers de Théophraste Longuet expliquent la fraude. Cartouche n'était pas seulement un objet de terreur, mais aussi un objet d'admiration. Son courage ne connaissait aucune limite ; et il l'a prouvé sous la torture. À partir du moment où la douleur de la botte ne parvenait pas à le faire parler, il lui était moralement impossible de parler. Pourquoi aurait-il dû parler ? Il ne lui restait plus qu'à mourir. Les plus grandes dames de la Cour et de la ville avaient loué des loges et des fenêtres pour assister à son exécution. Parmi les trois cent soixante personnes arrêtées se trouvaient des hommes qu'il aimait comme des frères et ses flammes les plus tendres et les plus constantes. Quelques-uns d'entre eux venaient de province à Paris, méprisant tout danger, dans l'espoir qu'au procès l' *Enfant* aurait la consolation de les revoir une dernière fois. Le récit du procès qui décrit ces femmes se jetant, après les avoir dénoncées, dans ses bras à l'Hôtel-de-Ville même, est manifestement absurde.

Je ne reproduirai pas ici toutes les protestations de M. Longuet contre la mort déshonorante attribuée à Cartouche, mais les quelques lignes qui précèdent ce chapitre me semblent, en tout cas, prouver, *a priori* , qu'il a raison.

Mais à ce moment tout ce que M. Longuet savait, c'est qu'il était *mort à la potence de Montfaucon , mais qu'il n'y fut pas pendu* .

Au cours de cette grave question, Théophraste et son ami étaient arrivés à la rue du Petit-Pont sans avoir traversé le Petit-Pont. Théophraste ne regarda même pas du côté du Petit-Pont. A mi-chemin de la rue Théophraste, qui était dans un état moitié mémoire, moitié possession, dit à son ami : « Regarde cette maison à côté de l'hôtel là, l'Hôtel des Maraîchers. Y remarquez-vous quelque chose de remarquable ? »

Adolphe regarda de l'autre côté de la rue l'hôtel, une petite maison ancienne, basse, étroite et sale, avec « L'Hôtel des Maraîchers » nouvellement peint. Il semblait s'appuyer contre un grand édifice du XVIIIe siècle que Théophraste montrait de son parapluie vert. Ce bâtiment possédait un balcon bombé en fer forgé, de conception solide mais délicate.

— Je vois un très beau balcon, dit Adolphe.

"Quoi d'autre?"

"Le carquois d'Amour sculpté au-dessus de la porte."

"Quoi d'autre?"

"Rien d'autre."

« Ne percevez-vous pas les épais barreaux aux fenêtres ?

" Bien sur que oui."

" A cette époque, mon cher Adolphe, on prenait le plus grand soin à avoir des barreaux à ses fenêtres ; jamais on n'a vu autant de barreaux à Paris qu'en 1720. Et je pourrais jurer que ces barreaux ici étaient fixés le lendemain de la guerre. affaires de la rue des Petits- Augustins . D'abord les Parisiens garnirent tous leurs rez-de-chaussée de barreaux. Mais cette précaution ne nous causa aucune peine puisque nous avions *Simon l'Auvergnat* .

Adolphe trouva le moment opportun pour savoir qui était exactement Simon l'Auvergnat, qui apparaissait toujours dans leur conversation sans raison appréciable.

"C'était un objet très utile, il était *la base de ma colonne* ", a expliqué Théophraste.

"Et qu'est-ce que c'est... la base de votre colonne ?"

"Tu ne comprends pas ? Je vais juste te montrer. Supposons que tu sois Simon l'Auvergnat", dit Théophraste avec un empressement presque enfantin.

Adolphe était bien disposé, mais pas pour longtemps. Théophraste l'entraîna à travers la route, l'appuya contre le mur de l'Hôtel des Maraîchers, lui montra la position qu'il devait prendre : écarter les jambes et s'appuyer, en baissant la tête et en levant les bras croisés, contre le mur. .

"Je vous place ici", dit-il, "à cause du petit rebord à gauche, *je me souviens que c'est très pratique* ."

"Et ensuite?" dit Adolphe en s'appuyant contre le mur dans la position voulue.

"Ensuite, puisque tu es la base de ma colonne, je monte sur cette base..."

Avant que M. Lecamus ait eu le temps d'imaginer même un mouvement, Théophraste était monté sur ses épaules, avait bondi sur le rebord, avait bondi d'un bond jusqu'au balcon de la maison voisine et avait disparu à travers un couloir. J'ouvris la fenêtre de la pièce qui donnait sur elle. M. Lecamus , stupéfait, regardait en l'air et se demandait où son ami Théophraste avait pu disparaître, lorsque la rue retentit de cris perçants. Une voix désespérée hurlait : « Au secours ! voleurs ! meurtriers !

"Je m'y attendais peut-être !" s'écria M. Lecamus ; et il se précipita dans la maison d'où sortaient les cris, tandis que les passants s'arrêtaient ou se précipitaient sur place. Il monta le grand escalier avec la rapidité d'un jeune homme, et arriva au premier étage au moment même où une porte s'ouvrait et où Théophraste parut, son chapeau à la main.

Il saluait profondément une vieille dame aux dents claquantes et couronnée de papiers bouclés, et il dit :

"Ma chère Madame, si j'avais pensé un instant que je vous ferai un tel choc en entrant dans votre salon par la fenêtre, je serais resté tranquillement dans la rue. Je ne suis, ma chère Madame, ni un voleur ou un meurtrier, mais un honnête fabricant de tampons en caoutchouc. »

Adolphe lui saisit le bras et essaya de l'entraîner dans l'escalier.

Mais Théophraste reprit : « C'est entièrement la faute d'Adolphe, ma chère madame. Il voudrait que je lui montre comment *Simon l'Auvergnat a servi de base à ma colonne* .

Adolphe, derrière Théophraste, fit signe à la dame aux papiers bouclés que son ami était fou. Alors la dame tomba évanouie dans les bras de sa servante, qui accourut. Adolphe entraîna Théophraste dans l'escalier au moment où la salle se remplissait de gens de la rue. La foule les prit pour des compagnons de sauvetage ; et ils s'enfuirent de la maison sans difficulté.

Dans la rue Théophraste dit gaiement : « Le plus surprenant dans toute cette affaire, mon cher Adolphe, c'est que ce Simon l'Auvergnat nous a servi de base à notre colonne pendant plus de deux ans sans jamais se douter de rien.

ses fortes épaules à une bande de jeunes messieurs de qualité, qui s'amusaient
! [3]

[3] Ceci est authentique. Cela fut prouvé au procès des complices de
Cartouche ; et Simon l'Auvergnat fut acquitté.

Mais Adolphe n'écoutait pas Théophraste. D'une main il l'entraînait vers la
rue Huchette , et de l'autre il essuyait la sueur de son front.

"Le temps est venu!" il murmura. "Le temps est venu!"

"Où m'entraînes-tu?" dit Théophraste.

— Pour voir un de mes amis, dit brièvement Adolphe en continuant de
l'entraîner.

Dans la rue Huchette , ils passèrent par un porche rouge et pénétrèrent dans
une très vieille maison. Adolphe semblait savoir où il se trouvait, car il
entraîna Théophraste jusqu'à une douzaine de marches de pierre usées et
poussa une lourde porte. Ils se trouvèrent dans une grande salle, éclairée par
une lampe suspendue au plafond de pierre par des chaînes de fer.

— Attends-moi ici, je ne serai pas long, dit Adolphe en fermant la porte.

Théophraste s'assit dans un grand fauteuil et regarda autour de lui. La vue
des murs le remplit du plus profond étonnement. En premier lieu, il y avait
une quantité incroyable de mots peints en lettres noires. Ils semblaient
ramper autour du mur sans aucun ordre, comme des mouches.

Il en épella quelques-uns pour lui-même : Thabethnah , Jakin , Bohaz , Theba,
Pic de la Mirandole , Paracelsus, Jacque Molay , Nephesch -Ruach-
Neschamah , Ezechiel , Aïsha , Puysegur , Cagliostro, Wronski , Fabre
d'Olivet , Louis Lucas, Hiram, Elias, Plotin, Origène, Gutman, Swedenborg,
Giorgius , Apollonius de Tyane , Cassidorus , Eliphas Levi, Cardan, Allan
Kardec , Olympicodorus , Spinoza, et bien d'autres encore ; et cent fois
répété le mot IHOAH. Se tournant vers l'autre mur, il aperçut un sphinx et
les Pyramides, une immense rose, au centre de laquelle le Christ étendait les
bras dans un cercle de flammes, et ces mots sur la rose : *Amphithéâtre* . *sapientæ
æternæ solius veræ* . C'était la rose des Rose-Croix .

En dessous se trouvaient ces mots :

"A quoi servent les brandons, les torches et les lunettes à celui qui ferme les
yeux pour ne pas voir ?"

« Je ne ferme pas les yeux, se dit Théophraste, et je porte des lunettes, et
pourtant je serai pendu si je sais où je suis !

Ses yeux tombèrent sur cette inscription en lettres d'or :

"A partir du moment où vous avez accompli une action, une seule action, appliquez-lui toute l'intelligence dont vous disposez, cherchez ses points saillants, examinez-la à la lumière, *abandonnez-vous aux hypothèses, volez devant elles, s'il le faut* . "

Il aperçut des faucons, des vautours, des chacals, des hommes à tête d'oiseau, plusieurs scarabées, un dieu à tête d'âne, puis un sceptre , un âne et un oeil.

Finalement il lut ces mots en lettres bleues :

"Plus l'âme sera enracinée dans ses instincts, plus elle restera oubliée dans la chair, moins elle aura connaissance de sa vie immortelle, *et plus longtemps elle restera prisonnière dans des carcasses vivantes* ."

S'impatientant de la longue absence d'Adolphe, il se leva au bout d'un moment pour ouvrir les rideaux par lesquels son ami avait disparu. Au moment où il allait les traverser, sa tête heurta deux pieds suspendus en l'air qui claquaient avec un bruit d'ossements secs. Il leva les yeux : c'était un squelette.

Il le regardait avec une compassion sincère et douce.

— Vous seriez beaucoup plus à votre aise au cimetière de Saint-Chaumont, dit-il en continuant avec un sourire triste.

Le couloir dans lequel il marchait n'avait pas de fenêtre. Elle était éclairée d'un bout à l'autre d'une lueur cramoisie. Théophraste ne put d'abord comprendre d'où il venait. Puis il s'aperçut qu'il marchait dessus. Elle venait des caves, à travers les épaisses plaques de verre dont le couloir était pavé. Que faisaient ces flammes pourpres en bas, dans la lueur desquelles il marchait ?

Il ne savait pas. Il n'a même pas demandé. Il ne demanda même pas pourquoi lui, Théophraste, se retrouvait à marcher dans cette lueur. Il ne demandait plus : « Pourquoi suis-je dans cette maison de la rue Huchette ? Il avait cessé de demander parce que personne ne répondait.

*Emmanuel, Noun, Samech, Hain... Sabaoth... Adonaï...*

Encore des noms sur les murs de pierre.

Le seul ornement de ces murs autour duquel rampaient des noms était, à hauteur d'homme, une ligne infinie d'étoiles formée par les deux triangles du sceau de Salomon. Entre chaque étoile ou sceau, en lettres vertes, se trouvait le mot NIRVANA.

Le couloir n'était pas en ligne droite. Il y avait des courbes et des angles. Bientôt, il arriva à un endroit où deux autres couloirs y aboutissaient à angle droit et s'arrêta prudemment. Mais bientôt il s'impatienta de nouveau et s'enfonça dans un de ces couloirs latéraux. Trois minutes plus tard, sans savoir comment cela s'était passé, il se retrouvait à l'endroit où les couloirs se croisaient. Puis il reprit le premier couloir, revenant sur ses pas jusqu'au hall. Mais il n'a pas trouvé la salle.

Il était sur le point de hurler de détresse, lorsqu'Adolphe apparut devant lui. Ses yeux étaient rouges comme s'il avait pleuré.

"Où suis-je?" s'écria Théophraste avec ouragan.

"Vous êtes dans la maison du Mage... dans la maison de M. Eliphas de Saint-Elme de Taillebourg de la Nox !"

# CHAPITRE XIII

## LE REMÈDE QUI MANQUÉ

En apprenant qu'il était chez M. Eliphas de Saint- Elme de Taillebourg de la Nox , Théophraste fut quelque peu rassuré, car il avait entendu Marceline et Adolphe parler avec révérence de lui comme d'un des principaux membres du Club Pneumatique. Théophraste avait par hasard entendu parler du Club Pneumatique ; et il avait fait en adhérer Marceline (il était alors trop occupé pour y adhérer lui-même), sous l'impression que c'était le principal club social des personnalités les plus en vue de l'industrie du caoutchouc. Mais bien sûr, tout le monde sait que la pneumatologie est cette partie de la métaphysique qui traite de l'âme, en grec *Pneuma* ; et les Pneumatiques sont ceux qui sont versés dans cette science, qui n'a rien à voir avec la substance élastique et résiliente extraite par incision d'un arbre, qui fut nommé par les sauvages ignorants qui l'ont découvert, le Caoutchouc. Marceline n'a pas dérangé Théophraste, très occupé, en découvrant que le Club Pneumatique était une branche du Spiritualisme et non de l'Industrie du Caoutchouc. Elle se contenta d'inviter M. Adolphe Lecamus à s'y joindre également ; et tous deux devinrent de fervents admirateurs et disciples de ce grand expert en occultisme, M. Eliphas de Saint- Elme de Taillebourg de la Nox . Il n'est pas étonnant qu'après avoir appris par Marceline la douloureuse affaire des oreilles du Signor Petito , M. Lecamus ait poussé le recours immédiat à ce grand expert, pour apprendre les méthodes appropriées pour traiter une âme réincarnée aux antécédents si malheureux.

Adolphe regardait Théophraste avec une profonde commisération dans les yeux, comme si sa conversation avec le Mage lui avait donné un sujet de consternation.

"Viens, Marceline est là; et nous allons te présenter une bonne amie", dit-il sombrement .

Il nous ouvrit le chemin dans le couloir, ouvrit une porte et conduisit Théophraste dans une grande pièce sombre. Aussitôt ses yeux furent attirés par une lumière merveilleuse qui tomba sur le visage d'homme le plus noble, le plus doux et le plus beau qu'il ait jamais vu. La lumière était merveilleuse parce que cette figure frappante ne semblait pas la recevoir, mais la diffuser. Lorsqu'il bougeait, la lumière se déplaçait avec lui ; c'était une figure et une torche. Devant cette torche, Marceline s'agenouilla, les mains jointes comme pour une supplication ; et sur elle tombaient quelques rayons de cette figure gracieuse, presque divine.

Alors Théophraste entendit une voix amicale, une voix masculine, mais bien plus douce que la voix d'une femme, qui disait : « Viens à moi sans crainte. »

Théophraste regardait encore avec émerveillement l'espèce de lumière astrale qui se diffusait de la figure du Mage, lumière que le peintre James Tissot a réussi à reproduire, dans une gravure d'une grande beauté, à partir d'une photographie d'une apparition médiumnique communiquée au Congrès des spiritualistes de 1910 par le docteur Macnab. Dans ce dessin, à côté de la figure matérialisée d'une jeune fille, se tient M. Eliphas de Saint- Elme de Taillebourg de la Nox et sa lumière.

Théophraste regardait silencieusement le visage radieux de M. Eliphas de la Nox (il serait injuste pour l'encre de l'imprimeur de lui donner son nom complet chaque fois que je le mentionne). Puis, comme il éprouvait soudain une forte sympathie pour cet être radieux en présence duquel il avait été si soudainement introduit, bien qu'il se soit trouvé dans un cadre qu'il croyait presque diabolique, il reprit courage et résolut d'apprendre le sens de tous ces mots. des choses étranges qu'il avait vues.

"Je ne sais pas où je suis", dit-il d'un ton quelque peu plaintif. "Mais depuis que je vois avec vous mon ami Adolphe et ma femme Marceline, je me sens rassuré. J'aimerais beaucoup connaître votre nom."

"Mon ami, je m'appelle Eliphas de Saint- Elme de Taillebourg de la Nox ."

"Tu t'appelles vraiment comme ça ?" dit Théophraste, qui commençait à reprendre ses esprits.

L'être radieux baissa gravement la tête.

"Eh bien, après tout, il n'y a rien de très étonnant à cela", dit Théophraste. "Mon nom, mon vrai nom, mon vrai nom de famille, c'est Cartouche ; et pendant longtemps tout le monde a cru que c'était un surnom."

" Votre nom *n'est pas* Cartouche ; c'est Théophraste Longuet ", dit M. Eliphas de la Nox avec une douce fermeté.

"L'un n'empêche pas l'autre", dit Théophraste, qui savait mieux que quiconque de quoi il parlait, en toute logique.

"Je vous demande pardon", dit M. Eliphas de la Nox avec la même douce fermeté. " Il ne faut pas chérir cette confusion d'esprit. *Autrefois,* vous vous appeliez Cartouche, mais *maintenant* c'est Théophraste Longuet . Comprenez cela : *vous êtes* Théophraste Longuet . Mon ami, écoutez-moi attentivement, comme vous écouteriez un médecin qui allait te guérir. Car tu es malade, mon ami, très malade, justement parce que tu te crois Cartouche, alors que tu es en réalité Théophraste Longuet ... J'en appelle à toute la simplicité de ton âme.

"C'est bon", dit Théophraste. " J'aime moi-même les choses simples ; aussi je n'aime pas beaucoup, beaucoup même, la façon dont on vient vous voir, à travers un labyrinthe de passages, avec des squelettes accrochés dedans. Que fait- il chez vous, à propos ? , ce squelette, au lieu de reposer tranquillement sur la colline Saint-Chaumont? *Je le reconnus tout de suite.* On le traînait au charnier de la potence de Montfaucon le jour même de mon mariage avec ma chère épouse Marie-Antoinette Néron , quand nous prenions notre déjeuner de noces chez les Chopinettes . Beaulieu et le Vieux Facile étaient avec nous. A cette époque, mon cher M. Eliphas de Taillepot ...

" Eliphas de Taillebourg ", corrigea Adolphe d'un ton un peu choqué.

« A cette époque, mon ami Adolphe, qui est sérieux comme un âne, vous le dira, on ne pendait plus les gens à la potence de Montfaucon , mais on jetait dans le charnier de cette potence les restes des gens que l'on jetait dans le charnier de cette potence. ils ont été pendus ailleurs. C'est ainsi que ce pauvre Gastelard , dont je viens de reconnaître le squelette , a été traîné au charnier après avoir été pendu place de Grève . Gastelard , mon cher monsieur Saint-Elme-Feu...

"De Saint- Elme ", le corrigea encore M. Lecamus .

" Mon cher M. de Saint- Elme , Gastelard n'avait pas grand chose à faire, un pauvre mendiant plein d'imagination, qui, s'étant un jour déguisé en adjoint du roi, demanda son épée à un gentilhomme, en lui montrant en même temps un mandat de dépôt. Le monsieur crut qu'il était dûment arrêté, et remit son épée dont la poignée était en or et la plus belle qu'on ait jamais vue. L'histoire se terminait avec Gastelard au bout d'une corde. Mais moi. je serai pendu, mon cher monsieur de l'Equinox ...

"De la Nox ", insista Adolphe.

"De la Nose, mon cher M. de la Nose, je serai pendu si jamais je pensais retrouver un jour son squelette dans une maison de la rue Huchette !"

Le Mage, immobile et silencieux, regardait Théophraste et son discours avec une attention que rien ne pouvait détourner.

"Je n'ai jamais autant ri nulle part qu'à la colline Saint-Chaumont, entre le moulin des Chopinettes et le moulin du Coq", dit Théophraste avec la même gaieté bavarde. " La taverne des Chopinettes était là ; elle avait remplacé la taverne qu'affectionnait tant François Villon, où pendant des siècles tous les cullies et doxies de Paris venaient faire la fête les jours de la pendaison. C'était entre le moulin des Chopinettes , le moulin du Coq et la potence de Montfaucon que j'ai enterré mes trésors ; et si vous avez un plan du vieux Paris, mon cher M. Éléphant de Taillepot de Saint-Elme, le Feu de la Nez... "

Théophraste n'avait pas encore fini de prononcer le nom de son hôte, quand, tout à coup, les ténèbres s'enfuirent ; et la pièce et tout ce qu'elle contenait brillait clairement dans la lumière brillante du jour.

Il regarda autour de lui avec une satisfaction manifeste, sa femme qui murmurait une prière, son ami Adolphe qui était au bord des larmes, les étagères qui muraient pratiquement la pièce, et M. Eliphas de la Nox . qui lui sourit avec une douce compassion. Le Mage avait perdu son air surnaturel ; son manteau de lumière astrale avait disparu ; et si ses traits avaient encore leur sublime et ineffable pâleur, il n'en paraissait pas moins un homme comme tout le monde.

"J'aime beaucoup mieux ça", dit Théophraste avec un profond soupir de soulagement.

Le Mage leva la main. "Non : je ne vous donnerai pas de plan du vieux Paris à regarder, même si j'en ai de tous les âges", dit-il. "Vous n'avez rien à voir avec le vieux Paris. Vous êtes Théophraste Longuet ; et nous sommes en 1911."

" C'est très bien tout cela. Mais il s'agit de mon trésor, des trésors qui m'appartiennent ", s'entêta Théophraste. " Et j'ai bien le droit de regarder sur un plan du vieux Paris l'endroit où j'ai autrefois enterré mes trésors, afin de voir sur un plan du nouveau Paris où j'aurai à chasser de nouveau. C'est clair... "

Le Mage l'interrompit en disant à M . Lecamus , "J'ai souvent vu ici des crises de Karma ; mais cela n'a jamais été mon privilège d'en étudier une d'une telle force."

"Oh, mais jusqu'à présent, tu n'as rien vu, rien du tout !" s'écria Théophraste.

Le Mage réfléchit un instant ; puis il emmena Théophraste vers un plan du Paris d'aujourd'hui accroché au mur de cette grande bibliothèque, et lui montra l'endroit exact où se trouvaient le moulin des Chopinettes , le moulin du Coq et la potence de Montfaucon . Puis il posa son doigt au milieu du triangle qu'ils formaient et dit : « C'est ici que tu dois chasser, mon ami, pour retrouver tes trésors. Mais tout ce quartier a été maintes et maintes fois altéré ; et je doute fort que vos trésors se trouveront encore là où vous les avez enterrés. Je vous ai montré l'endroit sur une carte moderne, pour vous vider l'esprit de la question. Car, mon ami, *vous devez vider votre esprit* . Vous ne devez pas vous attarder sur vos trésors. Vous Il ne faut pas vivre dans le passé. *C'est un crime.* Il faut vivre dans le présent, c'est-à-dire *pour l'avenir* . Mon ami, il faut chasser Cartouche, car Cartouche n'est plus. C'est Théophraste Longuet . *qui est* ."

Le Mage prononça ces mots avec le ton le plus solennel et le plus sérieux. Théophraste lui sourit tristement et lui dit : « Je vous suis bien obligé de l'intérêt que vous me portez ; et je ne vous cacherai pas que je vous trouve extrêmement sympathique, malgré vos squelettes et les paroles bizarres que vous avez prononcées. rampez autour de vos murs. Vous devez être très instruit en effet, pour en juger par toutes ces étagères pleines de livres. Et vous devez avoir très bon cœur, car vous m'avez certainement traité avec la plus grande bonté; mais je vous le dis, et je m'en excuse. Je dois le dire, que vous ne pouvez rien faire pour moi. Car malheureusement, mon cher monsieur, vous pensez que je suis malade, mais je ne suis pas malade du tout. Si j'étais malade, je ne doute pas que vous "Je veux me guérir, mais on ne guérit pas un homme qui n'est pas malade. Vous me dites qu'il faut chasser Cartouche. C'est une grande chose à dire, splendide; mais je n'y crois pas, mon cher M. Éléphant de Feu de la Boîte de Brandebourg de Saint-Elme."

Mais le Mage lui prit la main, et dit avec une gentillesse inchangée :

" Il faut néanmoins *chasser Cartouche, car si nous ne parvenons pas à le chasser* , il faudra *le tuer* ; et je ne vous cacherai pas, mon cher M. Longuet , que c'est une affaire extrêmement difficile. opération."

« Lorsque l'Homme de Lumière, dit Théophraste dans ses mémoires, entreprit de me délivrer de cette obsession de Cartouche, qui n'était hélas ! pas une question d'imagination mais une chose bien réelle, je ne pus que sourire pitoyablement de sa vaste vanité. Mais quand j'ai compris qu'il se proposait de le chasser par le seul miracle de la raison, j'ai pensé qu'il était temps de servir le Mage bien chaud à l' asile d'aliénés de Charenton .

"Mais bientôt, quand il m'eut expliqué la question plus en détail et que je commençai à comprendre sa théorie et sa méthode, je me trouvai entièrement d'accord avec lui et prêt à servir son dessein de chasser Cartouche de moi par le seul miracle de En effet, j'ai fini par apprécier le vaste abîme qui séparait l'homme de lumière de mon ami Adolphe, le vaste abîme qui séparera toujours l'homme de raison du savant singe.

" D'abord, il m'a assuré que j'avais été Cartouche. Il en était assuré. Et puis c'était la chose la plus naturelle du monde. Il a dit qu'il avait grondé Adolphe pour lui avoir présenté mon cas comme exceptionnel, alors que mon " Ce cas était le cas de tout le monde. Bien sûr, tout le monde n'a pas été Cartouche. Mais tout le monde a été, avant d'exister aujourd'hui, bien d'autres personnes, parmi lesquelles il se peut très bien qu'on ait trouvé des personnes tout aussi mauvaises que Cartouche. .

"Vous comprenez l'Homme de Lumière : le mien était un cas de tous les jours. Tout le monde a vécu avant de vivre et vivra encore. Il m'a dit que c'était 'La Loi du Karma'. *On naît tout le temps, on ne meurt jamais, et quand on meurt, c'est qu'on naît de nouveau, et ainsi de suite depuis le début des commencements !*

"Il est entendu qu'à chaque naissance la personnalité diffère des personnalités précédentes et suivantes, mais chacune n'est qu'une modification de l'ego divin et spirituel. Ces différentes personnalités ne sont en quelque sorte que les anneaux de la chaîne infinie de vie qui constitue tout au long de la vie. les âges de notre individualité immortelle.

" Et puis l'Homme de Lumière m'a dit que lorsqu'on a saisi cette immense vérité, il ne faut pas s'étonner que certains événements d' *aujourd'hui* rappellent certains événements d' *autrefois* . Mais pour vivre selon le "Loi de la sagesse, il faut vivre dans le présent et ne jamais regarder en arrière. J'avais trop regardé en arrière. Mon esprit, mal guidé par M. Lecamus , avait été ces dernières semaines tout occupé du *passé* ; et sans doute, si cela s'était passé, j'aurais bientôt été réduit à un état dangereusement voisin de celui de la folie. Je ne devrais pas plus m'étonner d'avoir eu un autre état d'âme il y a deux cents ans que je n'aurais dû m'étonner d'avoir eu un autre état. d'âme il y a vingt ans. Était-ce que le Théophraste d'aujourd'hui avait quelque lien avec le Théophraste d'il y a vingt ans ? Certainement pas. Le Théophraste d'aujourd'hui ignorait ce jeune homme, il le désapprouvait même. Ne serait-ce pas vraiment stupide de consacrer toutes mes facultés à ressusciter le Théophraste d'il y a vingt ans ? La grande erreur que j'avais donc commise avait donc été de vivre uniquement pour Cartouche, parce que je m'étais par hasard rappelé que j'avais été Cartouche.

"Je vous dis que j'ai trouvé effectivement rafraîchissantes les paroles de M. Éléphant de la Box. Elles m'ont fait beaucoup de bien.

« Il m'a aussi dit d'autres choses dont je me souviendrai si je vis jusqu'à mille ans. Il m'a dit que ce qu'on appelle « Vocations » chez les hommes d'aujourd'hui ne sont que des révélations latentes de leurs vies passées ; Le nom de « Facilité » n'est qu'une sympathie rétrospective pour des objets qu'ils connaissent mieux que toute autre chose, parce qu'ils les ont étudiés plus attentivement avant cette vie réelle ; et c'est la seule explication.

" Alors il me serra contre son sein, comme un père embrasse son enfant ; il souffla sur mes yeux et sur mes sourcils son souffle guérisseur ; et il me demanda si j'étais maintenant persuadé de cette vérité, et comprenais que pour vivre heureux il fallait garder à l'esprit notre condition de changement perpétuel, et qu'en faisant cela nous devrions apprendre à vivre dans le Présent et à comprendre que le temps tout entier nous appartenait.

" J'ai pleuré de joie, et ma chère épouse a pleuré de joie, et Adolphe a pleuré de joie. J'ai assuré à l'Homme de Lumière que je comprenais et croyais, que je n'étais plus étonné d'avoir été Cartouche, même si j'étais un peu affligé par mais que c'était après tout si naturel que je n'y penserais plus jamais.

"'Soyez à l'aise ! Soyons tous à l'aise ! Vivons dans *le Présent ! Cartouche est chassée !* '

" Alors Marceline demanda quelle heure il était ; et Adolphe répondit qu'il était onze heures. J'ai sorti mon oignon et j'ai vu qu'il était onze heures et demie. Puis, comme ma montre donne l'heure exacte, j'ai déclaré qu'il était une heure et demie. - onze heures passées.

" — Non, je vous demande pardon, mais il est onze heures, dit Adolphe.

"'Tu peux me couper le doigt s'il n'est pas onze heures et demie !" J'ai pleuré; car j'étais sûr de ma montre.

" Mais l'Homme de Lumière regarda sa montre et m'assura qu'il n'était que onze heures. Mon ami Adolphe avait raison ; et j'en étais désolé... à cause de mon doigt. Je suis un homme honorable et un honnête industriel. ... J'ai toujours tenu parole, et aucune de mes factures n'a jamais été refusée ... Je n'ai pas hésité. Aurais-je pu faire autrement ?

« Très bien, dis-je à Adolphe. Je te dois un doigt. »

"Et saisissant un petit tomahawk de pierre, qui gisait sur le bureau de l'Homme de Lumière et qui servait évidemment de presse-papier, je le soulevai en l'air, et le faisais descendre sur le petit doigt de ma main gauche que je dépassait bien sur le coin du bureau - j'avais le droit de donner à Adolphe le petit doigt de ma main gauche ; car je lui avais seulement dit : " Tu peux me couper le doigt ", sans préciser quel doigt ; et je J'ai choisi le doigt dont la perte me gênerait le moins : mon petit doigt aurait alors été infailliblement coupé, si l'Homme de Lumière n'avait saisi mon poignet dans une poigne d'acier et ne l'avait tenu fermement.

"Il m'a dit de poser le tomahawk. J'ai répondu que je ne poserais pas le tomahawk avant d'avoir coupé mon doigt qui appartenait à Adolphe.

" Adolphe s'écria que mon doigt ne lui était d'aucune utilité et que je pouvais le garder. Marceline joignit ses instances aux siennes et me pria de garder mon doigt, puisqu'Adolphe m'en faisait cadeau. Mais je lui répondis qu'il y avait aucune raison pour qu'il me fasse des cadeaux à cette époque de l'année, et je lui répondis qu'elle n'y connaissait rien du tout aux affaires.

" Alors M. Eliphraste de l'Equinox me fit remarquer que je n'observais pas les conditions du contrat : j'avais dit : " Vous pouvez me couper le doigt " ; par conséquent , c'était le privilège d'Adolphe de me couper le doigt.

"J'ai admiré cette logique exacte, qui en effet ne lui a jamais fait défaut ; et j'ai posé mon tomahawk.

« J'ai eu tort de poser mon tomahawk dans cette maison de la rue Huchette ; car ils se sont précipités sur moi, et l'Homme de Lumière s'est écrié :

"' *Allez ! Il est trop tard ! La seule chose à faire est de le tuer !*'"

# CHAPITRE XIV

## L'OPÉRATION COMMENCE

C'est à M. Lecamus que l'on doit le récit de l'opération que M. Eliphas de Saint- Elme de Taillebourg de la Nox crut devoir faire sur Théophraste Longuet . Son récit, apparemment écrit pour le Club Pneumatique, à la demande de Théophraste lui-même, figure parmi les papiers de la boîte en bois de santal. Il fonctionne :

« La scène de sauvagerie qui aurait fini par faire perdre à mon pauvre ami Théophraste le petit doigt de sa main gauche, sans la présence d'esprit de M. Eliphas de la Nox , nous a prouvé que l'imagination sanguinaire de Cartouche avait absolument rempli l'espace. cerveau de cet honnête homme, mon meilleur et mon plus fidèle ami. Il nous semblait donc que le seul remède à ce terrible mal était *la mort de Cartouche* .

" M. de la Nox , en effet, n'a pas hésité ; il a essayé en vain la raison, que nous avions cru un moment victorieuse : une opération était indiquée. Madame Longuet a fait quelques protestations, si timides que nous les avons ignorées. " Quant à Théophraste, il était inutile de lui demander son avis. D'ailleurs, M. de la Nox l'avait déjà fixé de son regard, et personne n'a jamais résisté au regard de M. de la Nox . "

« Théophraste poussa plusieurs profonds soupirs et se mit à trembler violemment. Mais quand M. de la Nox s'écria : « Je t'ordonne de dormir, Cartouche ! il retomba dans le fauteuil derrière lui et ne bougea plus, sa respiration était si faible qu'on aurait presque pu douter qu'il soit encore en vie.

" L'opération de la mort de Cartouche allait commencer. Je savais, par plusieurs exemples célèbres, que c'était une opération très difficile, car on risque toujours, en essayant de tuer une âme réincarnée, c'est-à-dire de jeter renvoyer au néant cette partie de l'Individualité qui a été quelqu'un dans une existence antérieure, et nous y poursuit avec une violence qui nous empêche de vivre dans le Présent - on risque toujours, dis-je, de *tuer avec l'âme réincarnée le corps en dont il se réincarne* ... Nous allions essayer de tuer Cartouche sans tuer Théophraste, *mais nous pourrions tuer Théophraste* ... D'où notre inquiétude.

« Il a fallu toute l'autorité, toute la science, et aussi le calme absolu de M. de la Nox pour me mettre un peu à l'aise dans l'extrémité où nous nous trouvions. Mais M. de la Nox a le pouvoir le plus puissant et le plus dominateur. est-ce que le monde a connu depuis Jacques Molay , à qui il a succédé au commandement suprême de l'Ordre actuel et secret des Templiers.

" Je gardais aussi à l'esprit les démonstrations catégoriques de son dernier traité de Chirurgie Psychique, et la précision exacte de ses instructions dans sa monographie sur le *Scalpel Astral* . Ma confiance en M. de la Nox , et l'excentricité criminelle du pauvre Théophraste, de dont les oreilles du malheureux Signor Petito avaient été les premières victimes et qui m'avaient fait craindre des catastrophes irrémédiables, m'ont amené à considérer l'opération de la mort de Cartouche, malgré son danger, comme la meilleure solution dans ces douloureuses circonstances.

"Nous avons transporté Théophraste endormi dans le sous-sol, dans le laboratoire psychique du Mage, qui est éclairé nuit et jour par de grandes flammes sifflantes d'un gaz cramoisi dont j'ignore la nature.

" Nous déposâmes Théophraste sur un lit de camp ; et pendant plus d'un quart d'heure M. de la Nox le regarda dans un calme merveilleux . Nous gardâmes le silence. Enfin une admirable mélodie se fit entendre. C'était la voix de M. de la Nox priant. De quelle musique angélique, de quelles vibrations empyréennes, de quelles syllabes de gloire céleste et d'amour triomphant cette prière a-t-elle été composée ! Qui la répétera jamais ? Qui la recomposera jamais ? Connaissez-vous le musicien, incomparable Maître du son, qui recomposera, une fois passés, les éléments de cette brise parfumée du Printemps qui chante, pour la première fois, sous les premières feuilles, son chant tremblant d'espérance et de vie éternelle, sur le seuil des saisons récurrentes ?

"Je sais seulement que cette prière a commencé un peu comme ceci :

'Au commencement, tu étais Silence, Æon éternel, source des Æons ! Eunoia était silencieuse, comme tu étais, et vous vous contempliez dans une étreinte inexprimable, Æon , source des Æons , Eunoia, source d'amour, germe fécond d'où l'Abîme devrait faire naître la vie ! Au commencement, tu étais le Silence, source des Æons !'...

" La prière terminée, M. de la Nox prit la main de Théophraste et lui commanda. Mais comme les lèvres de M. de la Nox ne remuèrent pas, puisqu'il commanda sans parler, et interrogea Théophraste par l'intermédiaire du seul interprète de sa volonté dominante, je n'ai appris quels avaient été ses ordres et ses questions que par les réponses de Théophraste endormi.

« Théophraste commença sans aucun effort ni souffrance apparente :

"'Oui; je vois... Oui; je suis...

"'....................

"'Je m'appelle Théophraste Longuet ...

"'....................

"'Dans un appartement de la rue Gerando ...'

" M. de la Nox se tourna vers nous et dit à voix basse : " L'opération ne va pas bien. J'ai endormi Cartouche ; et c'est Théophraste qui répond. Il dort au Présent. Ce serait dangereux. Je vais être brusque. Je vais le laisser bouger dans *le Présent* pendant un moment.

« Théophraste reprit la parole :

"'Je suis dans la rue Gerando , dans l'appartement au-dessus du mien. Je vois allongé sur un lit un homme sans oreilles. En face de lui se trouve une femme - une femme brune - jeune et jolie - elle s'appelle Regina...'

"'.....................

"'La jolie jeune femme... qui s'appelle Regina... s'adresse à l'homme sans oreilles... Elle dit :

"" Aussi sûr que je m'appelle Regina, vous ne me reverrez plus et vous n'entendrez plus jamais le " Carnaval de Venise ", si dans quarante-huit heures vous n'avez pas trouvé un moyen de faire un revenu suffisamment important pour me soutenir correctement. Lorsque je vous ai épousé, signor Petito , vous m'avez honteusement trompé sur le montant de votre fortune et sur le caractère de votre intelligence. C'est une belle chose que votre fortune , Signor Petito ! Nous sommes en retard de deux quarts sur le loyer ; et à moins que nous souhaitions perdre nos meubles, nous devons tirer sur la lune. Et quant à votre intelligence ! Eh bien, quand une femme est jeune et jolie comme moi, elle veut un mari assez intelligent pour trouver de l'argent pour payer sa facture de couturière. Dois-je retourner auprès de ma mère ou est-ce que c'est toi qui vas le faire ? »

"'L'homme sans oreilles parle... Il dit :

"""Oh, tais-toi, Regina, tu me fais seulement mal à la tête. Ne peux-tu pas me laisser tranquille pour découvrir la cachette des trésors que l'idiot d'en bas est incapable de sortir de terre ?

« L'idiot, dit Théophraste endormi, c'est Cartouche ! »

" " J'attendais ce mot, dit vivement M. de la Nox . Maintenant je peux lui faire quitter *le Présent !* Priez, madame ! priez, mon ami ! l'heure est venue ! *Je vais tenter la Providence !* "

" Puis, levant la main au-dessus du front de mon ami endormi, il dit d'une voix d'ordre impossible, absolument impossible à désobéir : " Cartouche, que faisais-tu à dix heures du soir, le premier avril 1721 ? ?'

"'Le premier avril 1721, à dix heures du soir, dit Théophraste endormi sans un instant d'hésitation, je frappe deux fois brusquement à la porte de la taverne de la Reine Margot... Après la dispute, je n'aurais jamais dû J'ai cru que j'aurais pu arriver si facilement jusqu'à la rue de la Ferronnerie ... Mais je l'ai fait pour le cheval de la Garde française, ou plutôt il est tombé près de la pompe de Notre-Dame... J'ai dérouté mes poursuivants. . Au Reine Margot je retrouve Patapon , la Porte Saint-Jacques et Tasse-Noire... La Jolie-Laitière est avec eux... Je leur raconte l'histoire autour d'une bouteille de ratafia... Je leur ai fait confiance ; et je leur raconte que je soupçonne le Vieux Facile, et peut-être Marie-Antoinette elle-même, d'avoir murmuré quelque chose à la Police... Ils ont tous protesté... Mais je crie plus fort qu'eux ; et ils se taisent... Je leur dis que je Je suis bien décidé à traiter loyalement tous ceux qui me donnent des raisons de les soupçonner. Je me mets dans une belle colère... La Jolie-Laitière dit qu'il n'y a plus personne pour vivre avec moi... C'est vrai qu'il n'y en a plus personne ne vit avec moi... Mais est-ce ma faute ?... Tout le monde me trahit. Je n'arrive pas à dormir deux nuits de suite au même endroit... Où est le temps où j'avais tout Paris à mes côtés ? Le jour de mon mariage avec Marie-Antoinette ? Le jour où à la taverne Le Petit Phoque de la rue du Faubourg-Saint-Antoine, nous avons chanté en chœur :

« Buvez, cullies, et buvez , jusqu'à ce que Gabriel ait l'atout le jour du jugement dernier !

Nous avons mangé de la perdrix ce jour-là, c'était plus que ce que le roi avait fait, nous avons bu du champagne. Ma belle Marie-Antoinette m'aimait beaucoup. Mon oncle et ma tante Tanton étaient là. Et tout ce bonheur, c'était seulement en mai dernier, le 15 mai dernier !... Et maintenant !... Où est oncle Tanton maintenant ? Enfermé au Châtelet... Et son fils ?... J'ai dû le tuer le mois dernier pour éviter qu'il me dénonce !... Je n'ai pas tardé... Une balle de pistolet à Montparnasse, et le corps dans un fossé; et j'étais sûr de son silence... Mais combien encore tuer ?... Combien encore tuer pour être sûr du silence de tous ?... Par l'accélérateur de Madame Phalaris ! Il me fallut tuer Pépin l'Archer et Huron le Député du Roi qui criaient un soir après moi, et cinq archers en plus que j'ai massacrés, pauvres mendiants ! dans la rue Mazarine... *Je vois encore leurs cinq cadavres* ... Et pourtant je ne suis pas du tout méchant !... Je ne veux faire de mal à personne... Je ne demande qu'une chose, être autorisé faire la police tranquillement à Paris, pour la sécurité de tous... Mon conseiller principal lui-même grogne. Il ne me pardonne pas d'avoir exécuté Jacques Lefebvre... Bien sûr, on ne peut plus vivre avec moi ; mais c'est seulement parce que je veux vivre !

"'Après cette petite conversation , je les quitte... Je regarde par la porte de la Reine Margot : la rue de la Ferronnerie est vide. Je me dépêche; et près du Cimetière des Innocents je rencontre Madeline... Mais je ne le fais pas. dites-lui où je vais... En effet, je vais passer la nuit dans mon trou de la rue Amelot [4] comme un misérable voleur !... Il pleut à verse.

[4] En 1823, alors qu'ils nettoyaient le grand égout sous la rue Amelot , ils trouvèrent près de son embouchure principale un renfoncement, une grotte, d'environ neuf pieds carrés qu'ils appelaient encore, dans le procès-verbal, « chambre de la Cartouche », parce que cette le voleur avait souvent été obligé d'y passer la nuit. On est bien loin de la légende qui représente Cartouche vivant dans la meilleure société et à la veille d'épouser la fille d'un riche noble, lorsqu'il fut arrêté.

M. Adolphe Lecamus déclare qu'il nous a donné les paroles exactes qui sortaient des lèvres de Théophraste dans son sommeil hypnotique, mais qu'il n'a pas pu nous donner la modulation de ces phrases, leurs tons étranges, leurs arrêts brusques, leur des débuts précipités et des fins souvent douloureuses . Il ne tente pas de décrire la physionomie de Théophraste. Parfois, il exprimait de la colère, parfois du mépris, parfois une audace extravagante, parfois de la terreur. Parfois, déclare-t-il, à certains moments émouvants, *Théophraste ressemblait exactement au portrait de Cartouche* .

M. de la Nox voulait amener Cartouche à l'heure de sa mort, peu à peu. Il craignait le choc de lui faire revivre brusquement cette situation. Il l'avait donc ramené au premier avril 1721.

Les minutes qui suivirent furent pour nous extrêmement douloureuses, car le misérable Cartouche traversait une fois de plus l'agonie de ces derniers mois, au milieu de la trahison perpétuelle de ses lieutenants et de l'incroyable et tenace animosité de la police.

Le récit de M. Lecamus , si douloureux soit-il, ne présente aucun fait nouveau. Cela ne fait que corroborer l'histoire. Il n'y a en effet rien à gagner à descendre au laboratoire de M. Eliphas de la Nox pour prendre connaissance de l'arrestation et de l'emprisonnement sensationnels du Grand-Châtelet. On trouve dans le Registre des Arrêtés de Dépôt du Roi :

"16 mai 1721, Ordre du Roi de saisir et d'arrêter un Cartouche, qui a assassiné sire Huron, lieutenant de la Robe courte, et un certain Tanton ; et aussi Cartouche Cadet, appelé Louison ; le Chevalier, appelé Cracksman ; et Fortier, appelé Mouchy , pour complicité d'assassinats."

En marge du nom de Cartouche est écrit le seul mot : « *Brisé* » .

Cette arrestation était beaucoup plus facile à ordonner qu'à effectuer. Ce n'est que le 14 octobre 1721 que la trahison porta ses fruits, et l'on peut lire le rapport de Jean de Coustade , payeur de la compagnie de Chabannes , quarante-sept ans, vingt-sept ans de service.

M. de Coustade emmenait avec lui quarante hommes et quatre sergents, dont Duchâtelet lui assurait la fiabilité (lieutenant de Cartouche, qui le trahissait, lui-même sergent des gardes françaises ; on lui avait promis grâce), habillés en civils. , les armes cachées, et entourèrent la maison dans laquelle Duchâtelet l'avait informé que Cartouche gisait. Il était un peu plus de neuf heures du soir qu'ils arrivèrent au Pistol Inn, tenu par Germain Savard et sa femme, à Courtille , près de High Borne (rue des Trois- Bornes ).

Savard fumait sa pipe sur le pas de sa porte ; et Duchâtelet lui dit : « Y a-t-il quelqu'un là-haut ?

"Non", a répondu Savard.

« Est-ce que les quatre dames sont là ?

« Lève-toi ! » dit Savard qui attendait ces paroles.

Il s'écarta ; et toute la troupe monta à l'étage pour attaquer Cartouche.

« Lorsque nous entrâmes dans la chambre du haut, écrit M. Jean de Coustade dans son rapport, nous trouvâmes Balagny et Limousin buvant du vin devant le feu. Gaillard était couché, et Cartouche assis au bord du lit, raccommodant son lit. Nous nous sommes jetés sur lui. Le coup était si inattendu qu'il n'a pas eu le temps de faire aucune résistance. Nous l'avons attaché avec des cordes épaisses, l'avons emmené d'abord chez le secrétaire d'État à la Guerre, puis, à pied, au Grand-Châtelet, dès que l'ordre en fut donné.

En fait, l' affaire n'était pas aussi simple que le raconte M. de Coustade , quoiqu'elle se terminât comme il le dit. Malgré sa petite taille, Cartouche était d'une force exceptionnelle ; et ils ne l'ont vaincu et l'ont lié à un pilier qu'après une lutte acharnée.

Enfin, après que toutes les précautions eurent été prises, on le mit dans un carrosse. Il était seulement en chemise ; car il n'avait pas eu le temps de mettre la culotte qu'il raccommodait. Comme ils le bousculaient violemment, il leur dit : "Attention, les gars, vous ébouriffez mes vêtements !"

Il avait conservé tout son calme habituel ; et il félicita le lieutenant qui l'avait trahi des beaux vêtements qu'il portait ce jour-là. En vérité, Duchâtelet était sorti vêtu d'un très beau costume noir neuf, à cause du décès de la duchesse Marguerite d'Orléans , décédée quinze jours auparavant. En chemin, alors que la voiture manquait d'écraser un malheureux voyageur, Cartouche prononça une nouvelle fois ces paroles qu'il aimait tant : « *Il faut éviter la roue !* »

De la maison du secrétaire d'État à la Guerre, il partit à pied, au milieu d'une grande escorte. La moitié des Parisiens se précipitèrent hors de chez eux pour le voir passer en criant : « C'est Cartouche ! sans aucune conviction profonde que c'était le cas. Ils avaient été trompés tant de fois. Mais ils s'aperçurent que c'était vrai, lorsqu'un officier de l'escorte frappa le prisonnier avec sa canne, et le prisonnier se retourna doucement et lui donna un coup de pied gauche à la mâchoire, ce qui l'envoya éperdument dans le caniveau. La foule applaudit, car elle a une grande affection pour les voleurs, quand ils sont pris.

Dans la prison du Grand-Châtelet, Cartouche était visitée par tout le monde poli. Le Régent s'efforça d'exprimer ses regrets personnels face à ce triste événement. « Mais, dit-il, mes devoirs souverains m'imposent ce devoir désagréable. Les dames de la cour rivalisaient d'attentions envers le prisonnier. Ils ne lui refusèrent rien. Il buvait trois pintes de vin par jour.

Il n'avait jamais été autant à la mode. Aussitôt fut montée une pièce intitulée « Cartouche ». Legrand, son auteur, et Quinault, qui tenait le rôle principal, vinrent lui demander des renseignements sur les détails de la production. Enfin, lorsque Cartouche se fut suffisamment amusé, il se tourna vers la fuite. Malgré la surveillance incessante qu'on le surveillait, il était sur le point de réussir, étant sorti de sa cellule et, au moyen d'une corde torsadée avec la paille de son matelas, descendit dans un magasin, lorsqu'ils il le surprit au moment où il tirait le dernier verrou d'une porte qui le séparait de la rue. Ils trouvèrent que le Grand-Châtelet n'était pas assez sûr pour un homme aussi ingénieux ; et il fut secrètement porté enchaîné à la Conciergerie et emprisonné dans le coin le plus sûr de la tour Montgomery. [5]

[5] Cette tour n'est plus debout.

# CHAPITRE XV

## L'OPÉRATION SE TERMINE

Ferme dans son intention d'amener son sujet à la mort par étapes, M. Eliphas de la Nox conduisit Théophraste lentement à travers l'emprisonnement, le procès et la condamnation de Cartouche. Mais j'omets cette partie du récit de M. Lecamus , puisque les historiens ont longuement décrit cet emprisonnement et ce procès. Je suppose que, au moment où Cartouche se rendait à la chambre de torture, on pourrait lui arracher les noms de ses complices.

« Et maintenant, dit M. Lecamus dans son récit, nous approchions du point crucial de l'opération : *tuer Cartouche sans tuer Théophraste* . Mots assez simples, mais l'opération la plus difficile en Chirurgie Psychique. Vraiment M. de la Nox Il avait eu raison de dire qu'il allait tenter la Providence : en vérité, il avait assumé la responsabilité la plus épouvantable, le risque de tuer Théophraste sans tuer Cartouche, et par conséquent de laisser ce démon sous forme humaine se réincarner de nouveau en quelque malheureux contemporain.

" Mais alors c'était M. Eliphas de Saint- Elme de Taillebourg de la Nox qui en avait assumé la responsabilité, le plus grand expert vivant en Chirurgie Psychique, dont la délicatesse du Scalpel Astral est connue des initiés du monde entier, jusqu'au Thibet lointain. ... Il savait mouvoir l'esprit, doucement et sereinement, *autour de sa propre mort* , le préparant ainsi au dernier moment. *Il faisait vivre son mort jusqu'au moment même où il faisait mourir son mort !*

« Il avait amené Théophraste-Cartouche à l'heure où ses geôliers le sortaient de sa cellule pour le conduire à la chambre de torture. Sa question suivante était :

« « Et où es-tu maintenant, Cartouche ? »

"'Je descends un petit escalier au bout de l'Allée des Paille... Ils ouvrent une grille... Je suis dans le noir des caves... Ces caves me font peur... Je les connais bien.. ... Ah oui : j'étais enfermé dans ces caves au temps de Philippe-le-Bel !

« M. de la Nox éleva la voix d'un ton terrible et dit :

"'Cartouche ! Vous *êtes* Cartouche ! Vous êtes dans ces caves par ordre du *Régent !*'

" Alors il murmura : " Philippe-le-Bel ! Où allons-nous maintenant ? Il ne faut pas s'éloigner. Il ne faut pas ! Où es-tu maintenant, Cartouche ? "

"'Je m'enfonce dans la nuit des caves, je suis entouré de gardes, beaucoup de gardes. Il fait trop sombre pour voir combien... Ah! je vois au fond là, tout au fond, un rayon qui Je le sais bien. *C'est un rayon carré que le soleil a oublié là depuis le début de l'histoire de France !* ... Mes gardes ne sont pas des gardes françaises, ils se méfient de toutes les gardes françaises. Mes gardes sont commandées par le lieutenant militaire de le Châtelet.

« Il y eut un silence pendant que M. de la Nox laissait Cartouche continuer son chemin pénible ; puis il dit : « Et où es-tu maintenant, Cartouche ?

"'Je suis dans la chambre de torture... Autour de moi se trouvent des hommes vêtus de longues robes... Leurs visages sont masqués... Ils m'attachent au tabouret de Question... Ce sont des cordes épaisses... Eh bien , ils en ont besoin pour moi... Mais s'ils pensent pouvoir tirer quelque chose de moi, ils ont tort, complètement tort !

"Le visage de Théophraste exprimait une expression de fierté obstinée, presque féroce. Lentement, son intensité s'affaiblissait alors que nous l'attendions et l'observions ; puis tout à coup, il se changea en une expression de douleur, et il poussa un cri déchirant.

"M. de la Nox et moi sommes repartis; Marceline a poussé un cri.

« Évidemment, M. de la Nox ne s'attendait pas à ce cri, car il dit d'un ton surpris : « Pourquoi as-tu crié ainsi, Cartouche ?

"'Je crie parce que c'est affreux *de ne pas pouvoir dénoncer mes complices !* Leurs noms sont sur le bout de ma langue, mais ils ne s'en détachent pas ! Ne voient-ils pas que si je ne les dénonce pas, c'est parce que je ne peux pas bouger le bout de ma langue ? Pourquoi Cartouche n'a-t-il pas bougé le bout de sa langue ? Je ne peux pas, et c'est très injuste !

" M. de la Nox resta silencieux un moment. Il n'y avait aucune raison pour qu'il tourmente nos sensibilités avec les affres de ce voyou du vieux monde. C'était déjà assez pénible de voir le visage angoissé de Théophraste. Au bout d'un moment, il devint serein. encore, et M. de la Nox dit :

"'Et qu'est-ce que tu fais maintenant, Cartouche ?'

"'Ils me laissent tranquille, dit Théophraste. Seuls le médecin et le chirurgien tâtent mon pouls... Ils se félicitent d'avoir choisi le supplice de la Botte, parce qu'il est le moins dangereux pour la vie et le moins dangereux." susceptible d'accidents.

"J'ai observé qu'il parlait avec sa voix ordinaire, qu'elle n'était pas affaiblie par la douleur qu'il avait subie. Il semblait qu'il ne la ressentait qu'au moment où elle était réellement infligée, qu'il ne ressentait pas la douleur ultérieure.

« Il y eut une autre longue pause ; puis tout à coup Théophraste poussa un autre cri déchirant.

« Qu'est-ce qu'il y a maintenant, Cartouche ? » dit M. de la Nox avec inquiétude.

"'C'est le bout de ma langue !' s'écria Théophraste furieusement. Ces imbéciles ne voient-ils pas que les noms sont sur le bout de ma langue et qu'ils ne s'en détachent pas ? Pourquoi ces idiots ne les enlèvent-ils pas ? Est-ce ma faute si Cartouche ne s'est pas séparé ?

« Mais Cartouche se taisait : pourquoi cries-tu ? » dit M. de la Nox .

« « *On torture Cartouche ; mais c'est Théophraste Longuet qui crie !* »

« M. de la Nox parut abasourdi par cette réponse. Il se retourna et nous dit d'une voix tremblante : « Alors... alors c'est *lui* qui souffre.

" C'était la vérité ; on ne pouvait en douter à voir l'angoisse sur le visage convulsé de Théophraste. C'était Cartouche qui était torturé et Théophraste qui souffrait. Cela prouvait l' *identité* de l'âme ; *mais cela prouvait aussi que la douleur n'avait pas* " *Cessa d'être efficace au bout de deux cents ans* . C'est ce qui consterna M. de la Nox . C'était la première fois qu'un cas de ce genre lui était présenté lors de ses opérations au Scalpel Astral. La douleur de Cartouche s'exprimait à travers deux siècles ; ce cri d'angoisse qui n'était pas sorti de ses lèvres obstinées, *avait attendu deux cents ans pour jaillir des poumons de Théophraste Longuet !*

"M. Eliphas de la Nox enfouit sa tête, sa tête lumineuse, dans ses mains et priait ardemment : 'Au commencement tu étais le Silence ! Æon éternel ! Source des Æons !...'

" A la fin de la prière, il tâta le pouls de Théophraste et écouta attentivement les battements de son cœur. Puis il dit :

" " M. Longuet est visiblement un homme fort de constitution et tout à fait sain. En fait, de ce point de vue, il n'y a presque rien à craindre. *Il enterrera Cartouche.* Je crois qu'il faut aller jusqu'au bout de l'opération. "

" J'ai dit que j'étais de son avis. Marceline hésita un peu, puis lui dit de continuer.

« Et maintenant, que font-ils, Cartouche ? » dit M. de la Nox .

« On me pose toujours ces questions inutiles ; mais je ne peux pas répondre », dit Théophraste avec impatience. « Et je me demande toujours ce que fait cet homme dans le coin droit de la cellule. Il me tourne le dos. » ; et j'entends un *bruit de fer qui tinte* ... Le bourreau en ce moment s'en prend tranquillement. Il est appuyé contre le mur et bâille... Il y a une lampe sur la table qui éclaire deux hommes qui continuent d'écrire et d'écrire. " Ce qu'ils écrivent, je ne peux pas le concevoir, car je n'ai rien dit, je ne peux pas. C'est l'homme dans le coin qui me laisse perplexe. Il y a une lumière rouge sur le mur comme s'il était entre moi et un Je me demande quels sont ces fers avec lesquels il joue.

« – Ce doivent être les fers chauffés au rouge. Ils s'en sont servis, dit M. de la Nox ; et il frissonna.

" Nous gardâmes le silence ; et bientôt ce fut une série de cris épouvantables et déchirants de la part de Théophraste. M. de la Nox nous tourna un visage très pâle et très troublé, et déclara qu'il n'avait jamais rencontré ni même soupçonné cet homme. la douleur était si *efficace* ... Il n'avait aucun doute que cela devait être dû au fait qu'il n'avait jamais opéré d'âmes réincarnées après un intervalle de moins de cinq cents ans ; que même celles-là étaient très rares ; et que la majeure partie des âmes se réincarnaient après un intervalle de moins de cinq cents ans ; sa clientèle était composée d'âmes âgées d'au moins deux mille ans, je le trouvais un peu débordé, et cela me surprit au-delà des mots.

" Théophraste cria encore ; puis tout à coup Marceline s'écria :

"'Regardez ! Regardez, ses cheveux !'

« Le spectacle le plus surprenant s'est présenté à nos yeux : *les cheveux de Théophraste devenaient blancs !*

"La blancheur s'y répandit aussi doucement que le bord de la marée montante s'étend sur le sable, mais plus lentement. En cinq minutes , tous ses cheveux étaient devenus blancs, sauf une mèche sur son front.

"Nous étions silencieux; et j'essuyais la sueur de mon visage. M. de la Nox haletait; Marceline sanglotait. D'une manière ou d'une autre, ce lent blanchissement des cheveux était plus douloureux, plus effrayant que ces cris perçants et déchirants.

" M. de la Nox semblait presque à bout de nerfs. Deux fois je le vis ouvrir les lèvres pour interroger Théophraste ; deux fois il les ferma sans un mot. Puis tout à coup il se baissa et écouta les battements du cœur de Théophraste. Il se leva. se redressa d'un air soulagé et dit :

« Que fais-tu maintenant, Cartouche ? »

"'Faire semblant de mort. Après les fers chauffés au rouge et l' eau bouillante qu'on m'a versé dans les oreilles, j'ai fait semblant d'être mort. Ils m'ont laissé... Je glisse le papier que j'ai écrit dans ma cellule ce matin, avec un éclat de bois, et mon sang, dans la fissure du mur au-dessus de ma tête. Cela indique où j'ai caché mes trésors.

" Il se tut de nouveau ; et de nouveau je vis le visage de M. de la Nox devenir attentif alors qu'il concentrait de nouveau tout son être sur son travail astral. Comme j'aurais aimé avoir atteint un sommet de développement psychique qui m'aurait permis de suivez les merveilleux, les mouvements miraculeux de son Scalpel Astral.

"Cela a dû faire près de trois quarts d'heure plus tard qu'il a poussé un profond soupir et a dit : 'Notre travail est presque terminé. Où es-tu maintenant, Cartouche ?'

" " Je ne sais pas trop ce qui s'est passé ", dit Théophraste. " J'ai caché le document ; et je n'ai revu personne depuis. Quand j'ouvre les yeux - c'est plutôt un effort - je ne reconnais pas l'endroit où je me trouve. ils m'ont amené... Je ne suis certainement pas dans la chambre de torture, ni dans ma cellule de la tour Montgomery... Il y a une faible lumière bleue qui traverse les barreaux d'une grille devant moi... La lune est Je viens me rendre visite... Le clair de lune a descendu deux ou trois des marches qui montent à la grille... J'essaie de bouger... Je ne peux pas... Je suis une bûche. Ma volonté n'est plus commande mes muscles ou mes membres... C'est comme si toutes les relations entre ma volonté et mon corps avaient cessé... Mon cerveau n'est maître que de ma vue et de mon entendement. Il n'est plus maître de mes actions... Mes pauvres membres ! Je les sens *éparpillés* autour de moi... Je dois avoir atteint le point de souffrance où on ne souffre plus... Mais où suis-je ?... Le clair de lune descend encore deux marches... Et encore deux marches. ... Ah ! qu'est-ce que ça éclaire ?... Un œil, un grand œil... Le clair de lune bouge... Un crâne... Le clair de lune bouge... Une main osseuse !... Je comprends ! Je comprends! On m'a jeté dans une fosse commune !... Le clair de lune bouge... Il y a deux jambes de mort qui gisent sur mon corps !... Je reconnais ces pas maintenant !... Et cette grille !... Je suis au charnier de Montfaucon !... *J'ai peur !*

"'Quand je montais la rue des Morts pour faire la fête aux Chopinettes , je regardais souvent à travers cette grille. Je la regardais avec curiosité parce que je voyais qu'un jour je devrais me coucher dans le charnier. Mais je ne l'ai jamais fait. Il me vient à l'esprit que lorsqu'un corps gisait là, *il pouvait regarder de l'autre côté de la grille !* Et maintenant mon corps regarde à travers ! On m'a jeté dans le charnier parce qu'ils me croyaient mort ! Je suis enterré vivant avec les corps des pendus !... Mon sort misérable dépasse tout ce que l'imagination des hommes pourrait inventer !

" " Les réflexions les plus tristes m'assaillent. Je me demande par quel tour du sort je suis réduit à une telle extrémité. Je suis forcé d'avouer que le destin n'y a joué aucun rôle. C'était mon orgueil, rien que mon orgueil maudit. j'aurais pu rester tranquillement le roi de tous les voleurs, *s'il y avait eu quelqu'un vivant avec moi* ... La Jolie-Laitière avait raison lorsqu'elle disait à la Reine

Margot *qu'il n'y avait plus personne vivant avec moi* ... Je n'écouterais plus un mot de personne; et quand je convoquai mon Grand Conseil, je ne prêtai aucune attention aux résolutions qu'il passa. Je pris plaisir à jouer au despote; et je finis avec cette manie de découper en petits morceaux tous ceux que je soupçonnais. Mes lieutenants coururent plus de risques à me servir qu'à me désobéir. Ils m'ont trahi, et c'était bien logique. *Oh ! il est bien temps de ces réflexions, maintenant que je suis au charnier !*

"'Je suis vivant dans ce charnier, vivant parmi les morts; et pour la première fois de ma vie *Je suis effrayé* .'

" Théophraste resta silencieux une minute ; et nous nous regardâmes avec des yeux inquiets. Puis, du même ton triste et plaintif, il reprit son récit.

"'C'est étrange, très étrange. Maintenant que je suis à la limite même de la vie et de la mort, mes sens perçoivent des choses qu'ils ne pouvaient pas percevoir lorsque j'étais en bonne santé. Mes oreilles n'entendent plus - que l'eau bouillante a détruit mon ouïe - *et pourtant ils entendent* ... Il y a un pas, un pas sourd sur les marches qui descendent à la grille... Soudain la lune cesse d'éclairer le charnier... Puis je vois entre moi et la lune sur les marches du charnier... -maison, un homme ! un homme vivant !... Peut-être suis-je sauvé ! J'avais envie de crier de joie ; et peut-être aurais-je dû crier très haut, si l'horreur de ce que je *ressens* , de ce que je *sais* , n'avait scellé mes lèvres. Je *sens* , je *sais* que cet homme est venu me voler ma main... Je l'ai lu clairement *dans son cerveau* . Une dame de la Cour l'a envoyé chercher le charme, le charme de garder la main de son mari. l'amour, la main d'un meurtrier, la main de Cartouche !

"' *Je l'ai lu dans son cerveau aussi clairement que si je l'avais lu écrit* ... Il allume une lanterne... Il a déverrouillé la grille et est entré dans le charnier... Il a trouvé mon corps et se penche. dessus... Il a pris ma main gauche dans sa main gauche, et son couteau brille à la lumière de la lanterne... Il me coupe le poignet... Je ne sens pas la lame dans mon poignet, je vois ça... Ah ! Je commence à sentir le couteau !... Oh ! Mon poignet ! Mon poignet !... Il est presque coupé... Ah ! Ah ! Ah !... Il est coupé !

"'Qu'est-ce que c'est... L'homme hurle... Il danse parmi les morts... Je vois ! Je vois... Ma main s'est éloignée dans la main gauche de l'homme qui hurle, mais par un dernier miracle de la dernière vie dans mon poignet, *comme il était coupé* , ma main agrippa la main de l'homme qui hurle !... Ha ! Ha ! il n'arrive pas à s'en débarrasser !... Elle l'a saisi !. .. Comme ça le serre !... Il le traîne de la main droite !... Il ne peut pas le remuer !... Ah ! ce n'est pas facile de se débarrasser de la *dernière poigne d'un mort !* ... Il est hors du charnier, en hurlant !... Il bondit les marches, en hurlant !... Tandis qu'il s'en va, en hurlant, il agite, comme un fou, au clair de lune, ma main *agrippante !* '

« La voix de Théophraste s'éteignit faiblement ; et j'entendis claquer les dents de M. de la Nox . Alors il murmura :

"'Où es-tu maintenant, Cartouche ?'

"'J'entre dans les ténèbres radieuses de la mort !'

# CHAPITRE XVI

## LES INCONVÉNIENTS DE LA CHIRURGIE PSYCHIQUE

« Dès que Théophraste eut prononcé les mots : « J'entre dans les ténèbres radieuses de la mort », M. Eliphas de Saint- Elme de Taillebourg de la Nox leva sa main droite au-dessus de sa tête d'un geste splendide, puis se pencha sur le visage. de mon ami, souffla sur ses paupières et dit :

" 'Théophraste Longuet , réveille-toi !'

" Théophraste ne se réveilla pas. Ses paupières restèrent fermées, et son immobilité nous apparut plus immobile que jamais. Et maintenant qu'il ne parlait plus, maintenant que ses lèvres étaient fermées aussi étroitement que ses paupières, il nous parut soudain frappé d'un l'horrible crainte d'avoir suivi Cartouche dans les ténèbres radieuses de la mort.

« Sa pâleur de cadavre, ses cheveux devenus soudain blancs, nous le montraient terriblement vieux, vieux de l'âge soudain acquis au fond du tombeau.

« Théophraste Longuet , réveille-toi !

« M. de la Nox soufflait encore et encore sur ses paupières ; encore et encore il remuait ses bras avec des gestes splendides ; encore et encore il criait :

'"Théophraste Longuet , réveille-toi ! Réveille-toi ! Théophraste Longuet , réveille-toi !'

" Théophraste ne s'est pas réveillé ; et notre cœur s'est effondré et s'est effondré ; puis, au moment même où nous avons abandonné l'espoir de le voir un jour se réveiller, il a poussé un gémissement épouvantable, a ouvert les yeux et a dit doucement :

'"Bonjour. Cartouche est mort,'

« M. de la Nox haleta et dit : « Dieu merci, l'opération a réussi !

"Puis il recommença sa prière : 'Au commencement tu étais le Silence ! Æon éternel ! Source des Æons !... ' Marceline et moi serrions la main de

Théophraste, et riions hystériquement. En toute conscience, l'opération avait été sévère ; mais maintenant que cela avait réussi , nous félicitâmes chaleureusement Théophraste . Nous le félicitâmes d'avoir échappé à son terrible sort au prix d'une bouteille de teinture pour les cheveux. Ce n'était pas beaucoup pour payer *la mort de Cartouche* .

" Alors nous lui avons dit de se lever et de venir avec nous. Nous étions pressés de sortir de la maison de la rue Huchette . Il nous semblait que nous y étions depuis bien plus de deux cents ans.

"'Viens, chérie ! Viens !' dit Marceline.

« Parlez plus fort, dit Théophraste, je ne sais pas quel est le problème avec mes oreilles. J'ai l'air d'être très sourd ; et puis je ne peux pas bouger. »

" " Tu dois être un peu étourdie, ma chérie, dit Marceline. Et vu le temps que tu as été allongée sur ce lit de camp sans bouger, ce n'est pas étonnant. Mais fais un effort et viens. '

« Parlez plus fort, je vous le dis ! » dit Théophraste avec impatience. Je peux remuer mes bras, mais je ne peux pas remuer mes jambes. Je veux les remuer, mais elles ne bougent pas, et puis j'ai une piqûre dans les pieds.

"'C'est des fourmillements, ma chérie. Repliez vite vos orteils. Je veux rentrer à la maison. Nous n'avons rien mangé depuis ce matin et j'ai terriblement faim", dit Marceline.

"'Je ne sais pas si j'ai des orteils', dit tristement Théophraste.

"'Allez. Il est temps que nous partions,' dis-je.

"'Sans doute; mais il faudra me porter, car mes jambes sont dans un tel état...'

" M. de la Nox poussa un profond gémissement. Il avait retourné les chaussettes de Théophraste et vu ses chevilles. Elles étaient enflées, cicatrisées et saignaient. En une demi-minute nous avions fendu les jambes de son pantalon et de son pantalon avec une paire. de ciseaux. Quel spectacle affreux s'offrit à nos yeux ! *Les jambes de Théophraste étaient les jambes d'un homme qui a subi le supplice de la Botte !*

" M. de la Nox gémit encore, et les yeux pleins de larmes, il dit : " Incroyable ! incroyable ! Qui aurait pu croire que la douleur serait si *efficace* au bout de deux cents ans ?

« Ce phénomène est analogue aux stigmates des saints », dis-je, réalisant soudain sa signification scientifique psychique.

" Mais Marceline fondit en larmes et se jeta sur le malheureux Théophraste.

"J'ai serré le poing face au Destin et je me suis dépêché de chercher un taxi.

« Quand je revins, Marceline pleurait encore ; Théophraste examinait toujours ses jambes avec une extrême curiosité et se demandait comment il se faisait qu'il ne pouvait pas les remuer, et comment elles se trouvaient dans cet état extraordinaire.

« M. Eliphas de Saint- Elme de Taillebourg de la Nox ne répondit pas ; il était agenouillé, le visage enfoui dans ses mains, sanglotant de désespoir total.

" Il dit, ou plutôt sanglota, d'une voix lamentable : 'Mon Bien-Aimé ! Mon Bien-Aimé ! Je croyais que j'étais ton fils, ô Mon Bien-Aimé ! J'ai pris mon ombre pour ta lumière ! Ô Mon Bien-Aimé ! Tu as humilié mon orgueil ; Je ne suis qu'un petit bout de la Nuit, au fond de l'Abîme obscur, moi, l'Homme de Lumière. Et la Nuit ne veut pas *!* Et j'ai voulu, moi : la Nuit ! Je ne suis qu'un fils obscur de la Nuit. Silence, Æon , Source des Æons ! Et j'ai voulu *parler !* Ah, la Vie ! La Vie ! Connaître la Vie ! Posséder la Vie ! Égaler la Vie !... Tentation ! Vertige de l'Abîme éternel ! Mystère du Ternaire ! Trois ! Oui ; les trois mondes ne font *qu'un !* Et le monde est trois ! C'était la vérité à Tyr , à Memphis ! À Babylone ! Un ! Deux ! Trois ! Actif, Passif et Réactif ! Un et Un font deux ! Deux est neutre ! Mais ! Mais ! Mais, ô Mon Bien-Aimé ! Un et Deux font Douze. Un c'est Dieu ! Deux c'est la matière ! Mettez la matière à côté de Dieu ! Pythagore l'a dit, et vous avez Douze. Cela veut dire Union !... Cela veut dire ? Qui donc ici-bas a osé prononcer les mots : *Cela veut dire ?* '

" Alors il sanglota de la façon la plus déchirante, tandis que Théophraste, sur son lit de camp, disait :

"'J'aimerais beaucoup m'en sortir.'"

# CHAPITRE XVII

## THÉOPHRASTE COMMENCE À S'INTÉRÊTER AUX CHOSES

Le malchanceux Théophraste se remettait de son opération astrale depuis plus de six semaines. M. Lecamus décrit sa maladie d'une façon un peu longue. Peu à peu, il commença à retrouver l'usage de ses jambes ; mais il semblait peu probable que son ouïe se remette un jour de l'eau bouillante qui avait assourdi Cartouche deux cents ans auparavant ; par intervalles, il restait sourd pendant quelques instants. Pendant tout ce temps, il ne fit aucune allusion au passé ; Je ne parle pas de ce passé misérable, limité dans l'esprit de chacun de nous par les quelques années qui se sont écoulées depuis notre dernière naissance terrestre ; il n'a fait aucune allusion à *son passé du XVIIIe siècle* . Ce fait assura Marceline, M. Lecamus et M. Eliphas de Saint- Elme de Taillebourg de la Nox , qui visitait fréquemment le lit du malade, que Cartouche était bien mort ; et on entendait souvent M. de la Nox remercier Æon , Source des Æons , pour cet heureux événement.

Théophraste, alors que ses jambes guérissaient, songeait sérieusement à retourner aux affaires. Il avait pris sa retraite jeune, à l'âge de quarante et un ans, grâce à son invention d'un tampon en caoutchouc de qualité supérieure qui avait évincé du marché les tampons en caoutchouc des fabricants concurrents. Son esprit était plein d'une autre innovation qui allait révolutionner toute l'industrie du tampon. Il ne pouvait y avoir de symptôme plus fort d'une guérison complète, de preuve plus forte que l'opération n'avait pas affaibli son esprit. Et quand il recommença à se déplacer, Mme. Longuet trouvait qu'il était devenu si *naturel* qu'elle, et M. Lecamus avec elle, croyaient que leurs malheurs avaient enfin fatigué le Destin.

*Théophraste n'aurait plus jamais sa Plume Noire : elle avait été extirpée pour le reste des temps.*

Cependant, par instructions de M. Eliphas de Saint- Elme de Taillebourg de la Nox , ils le surveillèrent attentivement. Il avait l'habitude de se lever de bonne heure et, après avoir déjeuné d'une tasse de chocolat et de tartines beurrées, d'aller se promener sur le boulevard extérieur. Il essayait ses jambes. Il commença à retrouver en eux leur élasticité originelle.

Il regarda dans les magasins ; il regardait avec l'intérêt d'un Parisien le panorama mouvant des rues. M. Lecamus , qui le suivait, ne remarqua rien d'anormal dans ses actions ; et dans ses rapports à M. de la Nox , il n'insistait que sur un seul fait vraiment sans importance, une halte un peu prolongée devant l'étal d'un boucher. Si cette halte n'avait pas été une habitude quotidienne, même Adolphe, aux aguets comme il l'était, n'y aurait pas prêté attention. Théophraste, les mains derrière le dos jouant avec son parapluie vert, regardait avec satisfaction la viande rouge. Il discutait souvent avec le boucher, un grand homme aux épaules carrées, enjoué, toujours prêt à faire une simple plaisanterie. Un jour, Adolphe trouva que Théophraste prolongeait indûment sa halte. Il s'approcha de l'étal et le trouva occupé, avec le boucher, à orner la viande fraîche de volants en papier. C'était une occupation inoffensive ; C'est ce que pensait M. de la Nox , car il y a une note de lui en marge du rapport d'Adolphe : « Il peut regarder les viandes rouges sur l'étal du boucher. . C'est la fin de la crise psychique et cela ne fait de mal à personne.

Or ce boucher, M. Houdry , était célèbre dans son quartier par la blancheur et la délicatesse de son veau. Ses clients se demandaient souvent où étaient nourris les veaux de M. Houdry . C'était un mystère qui faisait sa fortune. Au fil du temps, Théophraste a gagné son cœur et a été admis dans sa confiance. Le secret de son succès ne résidait pas dans le fait que ses veaux étaient spécialement nourris, mais dans le fait qu'il les tuait lui-même et dans sa méthode pour les tuer : il leur coupait la tête d'un seul coup de grand coutelas.
.

À mesure que leur intimité augmentait, Théophraste fut admis à assister à l'opération ; et il passait bien des heures heureuses dans l'abattoir du boucher, le regardant tuer et découper les veaux qui lui apportaient richesse et renommée.

Théophraste était extrêmement intéressé par l'ensemble du processus. Il a appris les noms des différents instruments avec enthousiasme et a ensuite été autorisé à participer aux parties les plus simples du processus. C'était un privilège. Il en vint à éprouver bien plus que le mépris de M. Houdry pour les méthodes des bouchers ordinaires.

Mais chaque jour, en sortant du stand , il faisait la même petite plaisanterie. Il a dit:

" Vous tuez un veau tous les jours. Il faut faire attention, mon cher M. Houdry ; sinon vous verrez que cela finira par que les veaux en soient informés. "

Un jour, il dit : « Regardez les yeux du veau, M. Houdry ! Regardez ses yeux !

"Eh bien, et eux ?" dit M. Houdry .

"Regarde comme ils te regardent !"

"Mais ils sont morts", dit M. Houdry , quelque peu perplexe.

"Et tu n'as pas peur des yeux d'un veau mort qui te regardent ?" dit Théophraste. "Je vous félicite pour votre courage !"

M. Houdry continua son travail, pensant que son élève avait certainement de drôles d'imaginations.

Lorsqu'il commença à s'occuper des oreilles du veau, Théophraste s'écria avec une joie angélique : « Les oreilles ? Je comprends tout aux oreilles ! Laissez-les-moi ! Et il a acheté la tête du veau.

M. Houdry désirait qu'on l'envoyât chez lui, mais Théophraste ne voulait pas le lâcher. Il le disposa soigneusement au fond de son parapluie vert.

En sortant de l'abattoir, il dit : « Au revoir, M. Houdry , j'emporte la tête de mon veau avec moi ; mais je vous ai laissé les yeux. Je n'aimerais pas que les yeux d'un veau regardent. moi tandis que ces yeux vous regardaient tout à l'heure. Des yeux de veau mort, c'est méchant, très méchant. Vous riez, monsieur Houdry ? Eh bien, c'est votre affaire... Mes félicitations pour votre courage. Mais tout le pareil, ça finira par que les veaux en prennent connaissance !"

Il est rentré chez lui ; et quand il montra à Marceline et à Adolphe sa tête de veau dans son parapluie vert, ils se sourirent.

— Il commence à prendre plaisir aux choses, dit Marceline.

— Un amusement innocent, dit Adolphe avec indulgence.

# CHAPITRE XVIII

## LE JOURNAL DU SOIR

C'était l'habitude des trois amis de jouer aux dominos le soir après le dîner. M. Lecamus , qui était normand, prenait plaisir à employer des termes racés du terroir. Lorsqu'il déposait le Double-six, il criait : "Maintenant, le double-nègre !" Lorsqu'il posait un Cinq, il criait : "Le chiot ! Il mord !" Lorsqu'il posait un Un, il criait : « L'asticot ! Appât ! Les Trois lui tirèrent cette phrase : « Si tu as le courage, à bas la queue de cochon ! Il a appelé les Deux « Le mendiant ! » Le malheureux Quatre a été fustigé sous le nom de « Le petit ! » et il ne pouvait poser un Blanc sans annoncer : « La blanchisseuse !

Marceline prenait le plus grand plaisir à ces exclamations, et elle était toujours prête à jouer aux dominos. Théophraste était généralement perdu ; et c'était un plaisir de le voir perdre, car à ce jeu il avait montré le caractère le plus désagréable du monde. Chaque fois qu'il perdait, il boudait.

Un soir, Théophraste avait perdu, comme d'habitude ; et, le front froncé de colère, il avait arrêté de jouer et s'était plongé dans un journal du soir. Il aimait beaucoup les notes politiques et ses opinions étaient limitées. Ils étaient limités au nord par « le despotisme des tyrans » et au sud par « l'utopie socialiste ». Entre l'utopie socialiste et le despotisme des tyrans, il comprenait tout, déclara-t-il, sauf qu'il fallait attaquer l'armée. Il disait souvent : « Il ne faut pas toucher à l'armée ! C'était une âme digne.

Ce soir-là, il lut les Notes politiques sans, comme d'habitude, les commenter à voix haute, parce qu'il boudait. Et puis son regard fut attiré par ce titre :

LA CARTOUCHE N'EST PAS MORTE.

Il ne pouvait s'empêcher de sourire, tant cette hypothèse lui paraissait absurde. Puis il parcourut les premières lignes de l'article, et laissa échapper le mot " Étrange !... " puis le mot " Bizarre... " et puis le mot " Incroyable... " Mais sans aucune particularité particulière. démonstration d'émotion. Puis il décida qu'il était temps d'arrêter de bouder et dit :

" Vous n'avez pas lu cet article intitulé : " La Cartouche n'est pas morte ", Adolphe. C'est un article étrange et étonnant. "

Marceline et Adolphe sursautèrent violemment et se regardèrent avec effroi. Théophraste lut :

" Cartouche n'est-il donc pas mort ? Depuis quelques jours la police, avec le plus grand mystère que nous ayons pourtant pénétré, s'est occupée uniquement d'une série de crimes étranges dont elle a été obligée de cacher au public le côté le plus curieux. " Ces crimes et *la manière dont leur auteur s'échappe de la police au moment même où ils croient l' avoir attrapé* , rappellent point par point *les méthodes du célèbre Cartouche* . S'il n'était pas question d' une affaire aussi répréhensible que une série de crimes, on pourrait même admirer l'art avec lequel le modèle est imité. Comme nous le disait hier un fonctionnaire de la Préfecture de Police, dont nous ne donnons pas le nom car il tenait au secret : « C'est le crachat même de Cartouche ! » A tel point que les détectives n'appellent plus le mystérieux voleur, sur les traces duquel ils se trouvent parfois, que Cartouche ! D'ailleurs les autorités, avec beaucoup de secret mais avec beaucoup d'intelligence - pour une fois on n'a aucune difficulté à l'admettre - ont ont remis entre les mains de trois d'entre eux une histoire de Cartouche éditée par les Bibliothécaires de la Bibliothèque Nationale. Ils ont décidé, tout subtilement, que l'histoire de Cartouche leur serait utile, non seulement dans l'affaire en question, qui consiste à mais aussi que son histoire devrait faire partie de l'instruction générale de tous les détectives. En effet , le bruit est venu à nos oreilles que M. Lépine , le Préfet de Police, a ordonné que plusieurs cours du soir de la Préfecture soient consacrés à l'histoire authentique de l'illustre voleur."

"Que penses-tu de cela?" » dit Théophraste d'un air d'aimable indulgence. "C'est une véritable farce. Les journalistes sont de drôles de mendiants qui essayent de nous bourrer de toutes ces conneries."

Ni Adolphe ni Marceline ne souriaient. D'une voix un peu tremblante, Marceline lui demanda de continuer sa lecture.

« Le premier crime du nouveau Cartouche, le crime du moins dont la police fut d'abord appelée à s'occuper, ne présente pas cet aspect d'horreur qu'on retrouve dans quelques-uns des autres. C'est un crime romantique. à la fois que tous les crimes dont nous avons connaissance et qui sont attribués au nouveau Cartouche, ont été commis au cours de la dernière quinzaine et *toujours entre onze heures du soir et quatre heures du matin* .

Madame Longuet sursauta , le visage blanc comme un drap. Depuis l'opération astrale, Théophraste dormait seul dans la chambre, tandis qu'elle dormait dans un petit lit dans le bureau. M. Lecamus lui saisit le poignet et la ramena vivement à son siège. Ses yeux lui ordonnaient de se taire.

Théophraste s'arrêta dans sa lecture et dit : " Que diable veulent-ils dire par leur nouveau Cartouche ? *Moi, je ne connais que l'ancien !* ... Eh bien, parlons du crime romantique... "

Il continua sa lecture, devenant de plus en plus calme à chaque ligne :

« Une dame jeune et charmante, et très connue à Paris, où son salon est rempli de tous ceux qui s'occupent gracieusement du spiritualisme — l'affaire est, après tout, un peu compromettante, c'est pourquoi nous ne publions pas son nom — était en visite. au milieu de sa toilette, vers une heure du matin, se préparant à jouir de son repos bien mérité après une conférence un peu épuisante avec le plus illustre des Pneumatiques, lorsque tout à coup sa fenêtre, qui donne sur un balcon, s'ouvrit brusquement. violemment, et un homme d'une taille à peine moyenne, encore jeune et extrêmement vigoureux (ce détail est dans le rapport de police), mais avec les cheveux entièrement blancs, s'élança dans la chambre. Il avait à la main un objet brillant et nickelé. revolver plaqué.

" " N'ayez pas peur, madame, dit-il à la dame effrayée. Je ne vous ferai pas de mal. Considérez-moi comme votre très humble serviteur. Je m'appelle Louis-Dominique Cartouche ; et ma seule ambition est de souper avec vous. Par l'accélérateur de Madame Phalaris ! J'ai un sacré problème avec moi ! Et il a ri.

"Mme de B... (nous l'appellerons Mme de B...) croyait avoir affaire à un fou. Mais ce n'était qu'un homme résolu à souper avec elle, puisque, disait-il, il était depuis longtemps fasciné par sa grâce et son charme. Pourtant cet homme était bien plus dangereux qu'un fou. Car il fallait lui céder la place, *à cause de son revolver nickelé* .

" " Vous allez sonner vos domestiques et leur ordonner d'apporter un excellent souper ", dit froidement l'homme. " Ne leur donnez aucune explication qui pourrait me causer des ennuis. Si vous le faites, vous êtes une femme morte. '

"Mme de B... est une dame de courage. Elle s'est montrée à la hauteur, a sonné sa femme de chambre, a fait apporter à souper dans son boudoir, et un quart d'heure plus tard, elle et l'homme au Les cheveux blancs se faisaient face, à table, *les meilleurs amis du monde* ... Inutile de dire que l'homme aux cheveux blancs ne se pressa pas pour ce délicieux repas, et il était plus de deux heures lorsqu'il descendit du balcon. " Il n'était peut-être pas anormal que la belle Mme de B.... n'eût pas informé la police de l'aventure. C'est la nécessité qui la força à l'avouer ; car quelques jours plus tard un commissaire de police vint la voir, et lui apprit que la bague contenant un magnifique diamant qu'elle portait à l'annulaire de sa main droite était la propriété de Mlle Emilienne de Besançon , que cette dame l'avait vu à son doigt la veille dans un bazar de charité ; que Mme de B... ignorait sans doute à qui appartenait ce bien, sans doute qu'on le lui avait donné. Mme. de B... était au-delà des mots surpris et ennuyé. Elle racontait l'histoire du balcon, de l'inconnu et du souper ; et dit qu'en lui disant au revoir, il lui avait forcé la bague, disant qu'il la tenait d'une dame qu'il aimait beaucoup, Mme. de Phalaris, *mais qui était mort depuis longtemps* . Il était impossible de soupçonner Mme. de B... Elle en fournit la preuve : le revolver brillant et nickelé que l'inconnu avait laissé sur une petite table du boudoir. En même temps , elle priait le commissaire de police de lui emporter cent bouteilles de champagne des plus belles marques, que l'inconnu lui avait envoyées le lendemain de cette nuit extraordinaire, sous prétexte que le souper avait été excellent, mais que le champagne seul avait laissé à désirer. Elle craignait que, comme la bague, le champagne n'eût été volé.

"Cette aventure, qui est la moindre de celles que nous ayons à raconter, est la reproduction fidèle d'une affaire qui s'est déroulée dans la nuit du 13 juillet 1721, chez Mme la Maréchale de Boufflers . Cette dame était aussi à sa toilette. Le jeune homme arriva par le balcon ; il n'avait pas à la main un revolver brillant et nickelé, mais il portait six pistolets anglais à sa ceinture. Après s'être présenté comme étant Louis-Dominique Cartouche, il demanda à souper. Et la veuve de Louis-François, duc de Boufflers , pair et maréchal de France, héros de Lille et de Malplaquet , soupait avec Cartouche, et ne se pressait pas pour le souper.

" Cartouche ne se plaignait que du champagne ; et le lendemain matin, Mme de Boufflers reçut cent bouteilles. Il les avait fait prendre dans les caves d'un grand financier par son majordome Patapon .

"Quelques jours après, une des bandes de Cartouche arrêtait une voiture dans la rue. Cartouche regardait par la fenêtre et scrutait les visages. C'était Mme la Maréchale de Boufflers .

"Il se tourna vers ses hommes et dit d'une voix sonore : 'Laissez passer Mme la Maréchale de Boufflers librement cette nuit et toujours.'

" Il s'inclina profondément devant Mme la Maréchale , après lui avoir glissé au doigt un magnifique diamant qu'il avait précédemment volé à Mme de Phalaris. Mme de Phalaris ne l'a jamais revu !

— Et maintenant, passons au crime de la rue Bac.

# CHAPITRE XIX

## L'HISTOIRE DU VEAU

Marceline s'était levée et était allée dans sa chambre autant pour cacher son émotion que pour vérifier si le revolver nickelé était encore dans son tiroir. Lorsqu'elle revint dans la salle à manger, Théophraste lui demanda ce qu'elle avait. Marceline répondit que le revolver n'était plus dans son tiroir. Théophraste la pria de se ressaisir, et déclara, d'un ton qui ne comportait aucune contradiction, que puisque le revolver n'était pas dans son tiroir, il devait être ailleurs, et que cela n'avait aucune importance.

"Nous allons maintenant accompagner ce journaliste au crime de la rue Bac", a-t-il poursuivi. "Ses commentaires sur l'histoire de Mme de B..., qui doit bien sûr être Mme de Bithyinie , la dame de votre Club Pneumatique qui est une amie si intime de M. de la Box, le montrent comme un homme bien informé. Je suis heureux de voir qu'il ne suit pas ces idiots d'historiens qui tentent de faire scandale de mon souper avec Mme la Maréchale de Boufflers , en oubliant qu'en 1721 elle avait plus de soixante ans. C'est une erreur que je me propose de réparer. Ma réputation pourrait en souffrir. C'était une causeuse spirituelle et charmante ; mais je n'aurais jamais songé, un instant, à faire l'amour avec une femme de soixante ans !

En disant cela, Théophraste leva l'index de sa main droite et l'agita en l'air d'un geste autoritaire ; et ce n'était ni Marceline ni Adolphe qui auraient osé le contredire.

Il reprit le journal du soir.

"L'histoire du crime de la rue Bac est plus simple et plus rapide dans son déroulement", lit-il. "Quelques jours après l'aventure de Mme de B.... le Préfet de Police reçut le billet suivant : 'Si vous avez le courage, venez me trouver. Je suis toujours chez Bernard, au café de la rue du Bac.' ' C'était signé : « Cartouche ». Le Préfet dressa l'oreille et dressa ses plans. Le soir même, vers midi moins le quart, une demi-douzaine de policiers se précipitèrent dans le café de la rue Bac. Ils furent aussitôt frappés avec une chaise par un homme d'une force extraordinaire, encore jeune. , mais avec des cheveux tout blancs. Trois hommes étaient étendus sur le sol, et les trois autres eurent à peine le temps de traîner dans la rue les trois corps de leurs compagnons blessés, pour les empêcher d'être brûlés vifs, car l'homme aux cheveux blancs Les cheveux mirent le feu au premier étage ... Puis il s'enfuit par les toits, sautant d'un toit à l'autre sur une petite cour, étroite certes, mais formant une sorte de puits de plus de cinquante pieds de profondeur, assez profond en effet pour briser son cou dix fois.

"J'aime ça", dit Théophraste, s'interrompant et souriant agréablement. "Trois hommes par terre ! Je n'ai pas eu autant de chance dans la rue Bac *l'autre siècle* ; car j'y ai laissé neuf de mes lieutenants, qui ont été arrêtés malgré le massacre de la police. Je pensais que tout était perdu ; mais un il ne faut jamais désespérer de la Providence. »

Il reprit le journal, au milieu du silence épouvanté de M. Lecamus et de Marceline, et lut :

"Le nouveau Cartouche" ("Quels idiots sont-ils de continuer à l'appeler "le nouveau Cartouche" !) " a également joué à ses jeux rue Guénégaud . Il y a là un passage étroit traversé par une planche. Il y a quelques jours, on a trouvé sous cette planche le corps d'un élève de l'École Polytechnique, M. de Bardinoldi , dont le mystère de la mort a tant intrigué la presse. Ce que la police n'a confié à personne, c'est que, épinglé sur la veste de l'étudiant, était une petite carte sur laquelle était écrit au crayon : « Nous nous reverrons dans l'autre monde, M. de Traneuse ... ». Il ne fait aucun doute que ce fut un crime du nouveau Cartouche pour l'ancien. » (« Il faut être bête comme un journaliste, s'écria Théophraste, pour supposer qu'il y a deux Cartouches ! ») » pour l'ancien. a en effet assassiné à cet endroit même un officier du génie nommé M. de Traneuse . Cartouche l'a tué d'un coup de canne à l'arrière de la tête, et l'étudiant a eu la derrière du crâne fracturée par un coup d'objet contondant. ".

Théophraste arrêta de lire et se livra à quelques commentaires.

« On dit aujourd'hui : « objet contondant ». Objet contondant ! Ça sonne bien ! Les objets contondants me plaisent... Vous tirez une gueule", dit-il à Marceline et Adolphe. " Et vous vous accrochez les uns aux autres comme si vous attendiez une catastrophe. C'est bête de perdre vos cheveux pour quelques plaisanteries. Je profite de l'occasion, mon cher Adolphe, pour vous expliquer le plaisir que je prends à fréquenter Guénégaud . Rue. Cette affaire de M. de Traneuse fut l'origine d'un des meilleurs tours que j'ai jamais joués aux policiers de M. d'Argenson . Après l'exécution de M. de Traneuse , qui s'était permis de faire des propos extrêmement désagréables sur moi, je fus poursuivi par deux patrouilles de garde, qui m'entourèrent et rendirent la résistance impossible. Mais ils ne savaient pas que j'étais Cartouche, et se contentèrent de me conduire au Fort- L'Evêque , la prison la moins sévère de Paris. où l'on enfermait les débiteurs, les fauteurs de troubles et les gens qui n'avaient pas payé leurs amendes. Ce n'est que le 10 janvier qu'ils savaient qu'ils avaient capturé Cartouche ; mais le 9 au soir, Cartouche s'était échappé et avait repris la direction de son Police, il était temps, car tout allait à l'envers dans les rues de Paris. Ma chère Marceline, et toi aussi, Adolphe, tu as l'air d'aller à un enterrement. Et pourtant, cet article ne manque pas *d'un certain sel* . Au début, j'ai cru que c'était une blague de gribouilleur, mais je vois que c'est assez sérieux. C'est vraiment le cas : croyez-moi. Et attendez l'histoire du veau ! Nous n'en sommes qu'à l'affaire de la rue des Petits- Augustins ... Écoutez.

Théophraste souleva de nouveau le journal du soir, ajusta ses lunettes à monture dorée sur son nez et continua :

" Le plus incroyable dans cette histoire extraordinaire, c'est que plusieurs fois au cours de la dernière semaine la police a été sur le point d'attraper le Cartouche moderne, et qu'il s'est toujours enfui par la cheminée, tout comme *l'autre* . L'Histoire nous enseigne que c'était la pratique du vrai Cartouche. Le 11 juin 1721, il avait formé le projet de cambrioler la maison Desmarets , rue des Petits- Augustins . C'était un de ses hommes, le Ratlet , qui lui avait suggéré le coup. Mais la police avait les yeux rivés sur Cartouche et le Ratlet ; et à peine furent-ils dans la maison Desmarets que les archers se précipitèrent sur place, et la maison fut encerclée. Cartouche fit fermer à clef les portes des chambres et éteindre les lumières. se déshabilla, monta par la cheminée, descendit par une autre cheminée dans la cuisine, où il trouva un marmiton. Il tua le marmiton, s'habilla et sortit de la maison en abattant avec ses pistolets deux archers, qui demandèrent là où se trouvait Cartouche. Eh bien, que direz-vous quand nous vous apprenons qu'hier notre Cartouche, traqué chez un confiseur du quartier des Augustins , s'est enfui par la cheminée, après avoir enfilé ses propres vêtements, qu'il désirait sans doute garder propres, les plus - tous les confiseurs trouvés sur le toit ? Quant au confiseur, il a été retrouvé, à moitié cuit, dans son propre four. Mais avant de l'y mettre, Cartouche avait pris la précaution de l'assassiner au préalable.

Ici Théophraste interrompit une fois de plus sa lecture.

"Précédemment!" il pleure. "Auparavant ! Ces journalistes sont merveilleux !... Je l'avais assassiné *auparavant* !... Mais pourquoi es-tu allé dans le coin ? Est-ce que je te fais peur ? Viens, viens, ma chère Marceline ; viens, Adolphe : un peu de sang-froid. Vous l'aurez envie pour l'histoire du veau !"

«Jamais, dit Théophraste dans ses Mémoires, qui à partir de cette époque deviennent profondément teintés d'une vaste mélancolie, jamais ni ma femme ni M. Lecamus n'avaient eu de telles expressions à la lecture d'un simple article de journal. Mais si l'on se permettait « Être effrayé par tout ce que nous disent les journaux, nous serions *à jamais sur le carreau* . Les journalistes décrivent les événements de la journée avec une puissance d'imagination particulièrement surprenante en matière de criminalité. Ils doivent avoir leur sang quotidien. C'est en effet risible. " Un coup de couteau ne leur coûte plus ou moins rien ; et ils me font seulement hausser les épaules. Les coups de couteau de ces messieurs ne troublent en rien ma digestion ; et, je le répète, je hausse les épaules devant eux.

« Quand j'arrivai à l'endroit de l'article où Cartouche mettait le boulanger au four, ma femme gémit aussi fort que si ce boulanger eût été son frère ; et quittant sa chaise, elle recula peu à peu vers la gauche. Dans le coin droit de la salle à manger, le plus proche du hall. M. Lecamus était dans une position tout aussi ridicule. Il s'était retiré dans le coin droit de la salle à manger, le plus près du hall. Ils me regardaient comme si ils regardaient un phénomène de foire, un mangeur de lapins vivants, ou quelque chose de ce genre. J'étais mécontent, je ne leur cachais pas mon opinion qu'une conduite aussi puérile était indigne de deux êtres raisonnables, et avec une certaine sévérité je Je les ai suppliés de revenir à leur place à mes côtés. Mais ils ne l'ont pas fait. J'ai alors commencé l'histoire de « La vengeance du veau ».

"J'ai lu:

« M. Houdry est boucher du boulevard extérieur. Sa spécialité est le veau ; et on vient de tous les coins du pays pour l'acheter. Sa renommée s'explique par un fait si exceptionnel qu'on aurait refusé d'y croire, sauf si pour les déclarations répétées du commissaire de police, M. Mifroid , qui a fait la première enquête sur les circonstances du crime. On sait que les bouchers de Paris reçoivent leur viande des abattoirs publics, et qu'il leur est interdit de faire abattre. leurs maisons... Mais chaque jour, M. Houdry tuait un veau chez lui !

« C'est bien vrai, dis-je. M. Houdry me l'a expliqué à plusieurs reprises ; et j'ai été assez surpris de la confiance qu'il m'a témoignée lorsqu'il m'a parlé de son mystérieux abattoir. Pourquoi aurait-il dû révéler à moi, un fait qui n'était connu que de sa femme, de son assistante, d'un enfant trouvé qu'il considérait comme faisant partie de la famille, et de son beau-frère qui chaque nuit amenait le veau ? Pourquoi ? On ne sait pas. Peut-être était-ce dû à plus fort que lui ! Tu sais bien qu'on *n'échappe jamais à son destin* . Je lui disais : « Prends garde ! Cela finira par que les veaux en prennent connaissance.

" J'ai continué ma lecture :

« Ce veau lui était amené chaque nuit *en silence* par son beau-frère ; et comme la petite cour arrière dans laquelle est situé son abattoir donne sur quelque terrain vague derrière, personne n'a jamais vu un veau vivant. chez M. Houdry . M. Houdry attachait tant d'importance à tuer lui-même ses veaux, parce que son veau devait son excellence à sa manière de le tuer.

« En fait, m'interrompis-je, il leur coupait la tête d'un seul coup, avec un gros coutelas. »

""Tôt hier matin, M. Houdry s'est enfermé comme d'habitude dans son abattoir, avec son veau. Son aide l'a aidé à attacher le veau. En règle générale, M. Houdry mettait de vingt-cinq à trente minutes à préparer son veau. Pour l'étable. Trente-cinq minutes s'écoulèrent ; et les doubles portes de l' abattoir ne s'ouvraient pas. Parfois M. Houdry appelait son aide pour l'aider à terminer le travail. Ce matin-là, il ne l'appelait pas. Quarante minutes s'écoulaient. Puis Mme Houdry , la femme du boucher, arrive par la porte de derrière et dit à l'employé : "Que fait ton maître ce matin ? Il a beaucoup de temps pour son travail. »

"""Oui; beaucoup plus longtemps que d'habitude", a déclaré l'assistant.

"Puis elle a appelé : " Houdry ! Houdry ! " Il n'y eut pas de réponse ; et elle traversa l'arrière-cour et ouvrit les portes de l'abattoir. Aussitôt le veau sortit en courant et se mit à danser gracieusement autour d'elle. (Chère ! chérie ! Je commence à redouter quel grand malheur !) Elle regarda le veau avec une certaine surprise, car à cette heure-là le veau aurait dû être du veau. Puis elle ouvrit plus grand la porte et appela son mari. Il ne répondit pas ; elle se tourna vers son assistant et lui dit : :

"""Votre maître n'est pas là. Es-tu sûr qu'il n'est pas sorti ? »

"""Bien sûr, maman. J'étais dans la cour tout le temps. Je m'attends à ce qu'il se cache derrière la porte pour sortir et te faire peur, maman. Vous savez à quel point le maître est un farceur. Mais *il ferait* quand même bien mieux de cacher le veau . Si quelqu'un le voit, il aura des ennuis. »

"' En disant cela , il sauta sur la tête du veau et y passa un licol.

""" Houdry ! Houdry ! s'écria sa femme. Vous vous cachez pour me faire peur ! Ne sois pas stupide!"

" " Il n'y eut pas de réponse ; et elle entra dans l'abattoir. Puis elle cria ; elle avait trouvé M. Houdry . Il ne se cachait pas du tout.

« *Il était disposé, en morceaux de veau bien nets, sur la table.* »

" "Je le lui ai dit, dis-je. Je le lui ai dit plus d'une fois. Mes pressentiments se réalisent toujours. Je m'attendais à un grand malheur ! Et le voici ! Chaque jour, encore et encore, je disais à M. Houdry de attention : on ne tue pas autant de veaux sans que les veaux le sachent. Mais il s'est toujours moqué de moi. Pourtant la théorie du hasard nous confronte toujours. Elle l'a confronté. Il n'y a pas prêté attention. Il n'a pas pris en compte Je ne m'aperçois de rien : ni du regard du veau, ni de la théorie des hasards. Mais je lui dis : « Mon cher M. Houdry , si un boucher peut tuer plus de mille veaux à Paris, quand il est interdit par la loi, on trouvera certainement un veau pour tuer le boucher ! " Et voilà ! Le veau a dépecé le boucher ! Eh bien, ce n'est la faute de personne... Continuons cet article intéressant. "

"'Mme Houdry a crié et s'est évanouie. Le garçon boucher a aussi crié et s'est évanoui, c'était un enfant trouvé. Quelques minutes plus tard, le drame a été découvert. On imagine l'émotion du quartier ...' (Il y avait une raison . Pauvre

M. Houdry : c'était un brave garçon. Et maintenant il va falloir essayer le veau. Le veau aura un grand succès sur le banc des accusés. C'est un veau étrange, fantastique, inexorable et courageux !)

" Le journaliste n'était pas d'avis que le veau avait dépecé le boucher. Et encore une fois il traîna le nom de Cartouche. (Pauvre vieux Cartouche !) Une fois de plus je haussai les épaules. Puis, levant les yeux au-dessus du haut de Dans le journal, je cherchais dans les deux coins du salon ces deux bêtes qui s'étaient si puérilement retirées chez elles, ma femme et M. Lecamus ... J'ai cherché en vain. Ils avaient disparu. Je les ai appelés à haute voix. Je n'ai pas répondu. J'ai parcouru l'appartement sans les trouver. Puis j'ai essayé d'ouvrir la porte du palier, mais elle ne s'est pas ouverte. Ils m'avaient enfermé.

" Cela ne m'a pas gêné du tout. Quand je suis enfermé, je sors par les cheminées, si elles sont assez grandes ; si elles sont trop petites, je sors par la fenêtre. Mais ma cheminée de salon est une cheminée monumentale. ; il n'y en a pas d'autre pareil dans la rue Gerando ; et j'y suis monté avec la même facilité avec laquelle j'étais descendu par la cheminée de M. Houdry le matin même où le veau dépeçait cet excellent mais malheureux homme ! Je suis sorti sur le toit par une nuit très froide et pluvieuse qui m'a rempli d'une profonde tristesse.

# CHAPITRE XX

## LE COMPORTEMENT ÉTRANGE D'UN TRAIN EXPRESS

Cette profonde tristesse devait affecter sérieusement l'avenir de Théophraste. À mesure qu'il parcourait les toits de la rue Gerando , l'intensité devenait si paralysante qu'il s'assit bientôt sur le bord d'un toit, les jambes pendantes au-dessus de la rue, et se plongea dans les réflexions les plus amères. Le résultat de cette action imprudente fut qu'il attrapa un grave rhume.

Alors qu'il réfléchissait, il revint lentement à lui-même, à son moi moderne. Lors de la lecture de l'article qui racontait les crimes du nouveau Cartouche, il avait fait preuve d'une insouciance aérienne jusqu'à l'insensibilité. Désormais, le sens de sa responsabilité, notamment dans l'affaire du dépeçage du boucher Houdry , lui pesait de plus en plus lourdement. Le souvenir de nombreuses sorties nocturnes, par la cheminée qu'il venait de gravir, lui revint à l'esprit ; et plusieurs crimes sanglants remplissaient ses yeux clignotants des larmes trop tardives d'un remords inefficace.

Ainsi, malgré toutes les souffrances qu'il avait endurées, malgré toutes les prières passionnées de M. de la Nox à Æon , Source des Æons , *Cartouche n'était pas mort ; la Plume Noire a toujours repoussé* . Cette nuit même, comme tant d'autres nuits de crime, il était sur les toits de Paris avec son esprit familier et sa Plume Noire. Il a pleuré. Il maudissait cette force mystérieuse et irrésistible qui, du fond des siècles, lui ordonnait de tuer. Il maudit le geste qui tue. Il pensa à sa femme et à son ami. Il se rappelait avec un regret amer les heures de bonheur passées avec ces êtres chers. Il leur a pardonné leur terreur et leur fuite. Il résolut de ne plus jamais troubler leurs heures paisibles avec ses caprices rouges.

« Disparu ! » a-t-il dit. "Cachons notre honte et notre oubli originel au coeur du désert ! Ils m'oublieront !... Je m'oublierai ! Profitons de ces *instants de raison* où mon cerveau, pour un temps libéré du Passé ", discute, pèse, déduit et conclut au *Présent* . Ce n'est plus Cartouche qui parle. Ce soir, c'est Théophraste qui veut ! Théophraste qui crie à Cartouche : " Volons ! volons ! Puisque j'aime Marceline , volons ! Puisque j'aime Adolphe, volons ! Un jour ils seront heureux sans toi ; avec toi il n'y a plus de bonheur !... Adieu ! Adieu, Marceline, épouse bien-aimée ! Adieu, Adolphe, cher ami et consolateur !... Adieu ! Théophraste vous dit adieu !'"

Il a pleuré et pleuré. Puis il dit à haute voix :

"Viens, Cartouche."

Il s'enfonçait dans la nuit, sautant de gouttière en gouttière, rampant de toit en toit, glissant du haut des murs avec l'aisance, l'équilibre et la sûreté d'un somnambule.

Et maintenant, qui est cet homme qui, la tête baissée et courbée en arrière, les mains dans les poches, erre comme le beau-fils de la Fortune à travers le vent âpre et la pluie qui tombe tout le long du triste chemin ? Il avance sur la route qui longe la voie ferrée, une route tristement droite, bordée de tristes petits arbres rabougris, les tristes ornements de la route départementale, la route qui longe la voie ferrée. D'où vient cet homme, ou plutôt cette ombre d'homme, cette triste ombre d'homme, les mains dans les poches ? A sa droite et à sa gauche s'étend la plaine, sans ondulation, sans renflement de colline, sans creux de rivière, s'étend grise et sombre sous le ciel gris et sombre.

De temps en temps, le long de la voie ferrée, si péniblement droite, passent des trains, des trains lents, des trains express, des trains de marchandises. Pendant qu'ils passent le chemin de fer ronfle ; puis il se tait, et l'on entend, porté par le vent, le tintement-ting-ting de la petite cloche électrique de la petite gare d'en face. Mais quelle petite gare ? Il y en a un devant ; il y en a un derrière. Ils sont distants de trois milles ; et entre eux, la double ligne de rails est aussi droite qu'un dé. Entre les deux gares, il n'y a ni viaducs, ni tunnels, ni ponts, ni même un passage à niveau. Je m'attarde sur ces détails à cause du comportement étrange du train express.

Cette triste ombre d'homme, c'est Théophraste. Il a résolu de fuir, de fuir n'importe où , loin de sa femme, pauvre chère, malheureuse et héroïque ! Après une nuit passée sur les toits de Paris, ne sachant où diriger ses pas et ne voulant pas les arrêter, il entra dans une gare, quelle gare ? Le saurons-nous un jour ? — Et sans billet, il monta dans un train, et sans billet quelque part, il en descendit et sortit d'une autre gare. Il se peut que, dans cette évasion des devoirs du passager, sa Plume Noire lui ait été d'une grande utilité.

Le voilà donc sur la route... A l'entrée d'un village... Sur la route qui longe la voie ferrée.

Qui aperçoit-il sur le seuil d'une chaumière à l'entrée du village ?... La Signora Petito elle-même !

C'était la première fois que la signora Petito voyait M. Longuet depuis qu'il avait coupé les oreilles de son mari. Elle tomba en colère. Elle courut jusqu'à la porte du jardin ; et sa colère s'exprimait non seulement dans les injures, mais dans les révélations les plus imprudentes. Si le signor Petito avait entendu ce que sa colère Regina avait dit, il l'aurait frappée pour son incroyable folie. Après avoir insulté Théophraste pour sa barbarie envers le Signor Petito , elle lui dit avec un triomphe vindicatif que son mari avait trouvé les trésors des Chopinettes , et que ces trésors étaient les plus riches du monde, des trésors valant bien plus que quelques oreilles, s'ils étaient. aussi grand que les oreilles du Signor Petito . "Ils sont abandonnés !"

Au cours de cet éclat, Théophraste intervint avec beaucoup de difficulté quelques mots ; mais cela ne le dérangeait pas du tout. En effet, il était reconnaissant à la fureur de Signora Petito de lui avoir donné des informations aussi importantes. Il dit sombrement :

" *Je retrouverai mes trésors, car je retrouverai le Signor Petito .* "

La Signora Petito éclata d'un rire satanique et s'écria :

"Le signor Petito est dans le train !"

"Dans quel train ?"

" *Dans le train qui va vous passer sous le nez.* "

"Quel est le train qui va me passer sous le nez ?"

" Le train qui transporte mon mari au-delà de la frontière ! Montez dedans, monsieur Longuet ! Montez dedans si vous voulez parler au signor Petito ... Mais vous feriez mieux de vous dépêcher, car il passe dans moins d'une heure, et vous ne pouvez pas acheter de billet dans aucune de ces petites gares. *Cela ne s'arrête pas à elles !* "

Elle eut un rire encore plus satanique, si satanique que Théophraste regrettait les moments où il était sourd. Il leva son chapeau et descendit rapidement la route qui longe la voie ferrée. Lorsqu'il était seul, entre les petits arbres et les postes télégraphiques, il se disait :

"Viens, viens ! Il faut que je demande des nouvelles de mes trésors au Signor Petito lui-même... Mais comment diable puis-je le faire ? Il est dans le train *qui va me passer sous le nez* ."

A ce stade, il est nécessaire de donner une carte :

Il est inutile de donner les noms des stations, car la démonstration est pratiquement géométrique, et à la géométrie les lettres conviennent mieux.

Allons à la station A. Le signaleur de la station A entend le *tintement !* de la cloche qui annonce que l'express qu'il attend a dépassé la station B et se trouve sur la section du système de blocs qui commence à la station A et se termine à la station B. L'express va de B à A. Il est sur la ligne B R. C'est clair. Le signal en A annonce le train en abaissant son petit bras rouge avec un *tintement !*

Le signaleur de la gare A attend le train, attend le train, attend le train ! Cela devrait être là. C'est un train qui fait soixante milles à l'heure, et s'il est en retard, il fait soixante-dix ou quatre-vingts milles. La distance entre la station A et la station B est au maximum de trois milles et un stade. Trois minutes et demie est le temps le plus long qu'un express met pour parcourir la distance. Le signaleur, mort de peur de ne pas voir apparaître le train, crie au chef de gare que le train aurait dû passer ! Le chef de gare se précipite vers le télégraphe et télégraphe à la station B : « Le train signalé n'est pas arrivé ! La station B répond : "Joker !" Station A : "C'est sérieux. Que faire ? Horrible anxiété." Station B : « Avertissez Jéricho ! » Station A : "Il a dû y avoir un accident ! Nous nous précipitons sur la ligne ! Venez nous rencontrer !" Station B : « Qu'est-ce qui a bien pu se passer ? Nous arrivons.

Alors le chef de gare, les porteurs et les guichetiers des gares A et B se précipitent le long de la ligne, le personnel de la gare A se dirigeant vers la gare B, le personnel de la gare B se dirigeant vers la gare A. Ils se précipitent, dans le sens de la marche. en pleine lumière du jour, au milieu d'une plaine parfaitement plate, une plaine sans rivière, sans crête et sans creux. Ils se précipitent sur la ligne et se croisent entre A et B... Mais ils ne rencontrent pas le train !

Le chef de gare de la station A (je dis particulièrement de la station A), qui souffrait d'une maladie cardiaque, tomba mort.

# CHAPITRE XXI

## L'HOMME SANS OREILLE AVEC LA TÊTE PAR LA FENÊTRE

Posons ce problème géométrique dans les termes les plus simples : un train express doit parcourir le terrain entre deux petites gares distantes de trois milles. Il est annoncé au second lorsqu'il passe le premier ; et pourtant ils l'attendent à la seconde en vain. Ils se précipitent depuis les deux gares pour trouver l'épave ; mais ils ne trouvent même pas le train, un train express dans lequel il y a peut-être une centaine de passagers.

Que le chef de gare de A soit tombé mort sous le choc de cette disparition inouïe, ahurissante, stupéfiante, absurde, diabolique et pourtant si simple (comme nous l'apprendrons plus tard) du train, n'est pas très étonnant. me demandais-je. Les esprits de tous ont été ébranlés par cet événement. Le chef de gare de B n'était pas dans un bien meilleur état que son collègue. Toutes les personnes présentes ont poussé des cris incohérents. Ils n'arrêtaient pas d'appeler le train, comme si le train avait pu répondre ! Ils ne l'ont pas entendu, et sur cette plaine plate, ils ne l'ont pas vu ! Le guichetier de la gare A s'agenouilla près du corps de son chef et dit aussitôt : « Je suis bien sûr qu'il est mort ! Les autres se rassemblèrent autour du corps du mort ; puis, arrachant deux des petits arbres du côté de la route qui longe la voie ferrée, ils le déposèrent dessus. Portant le corps sur cette grossière litière, ils revinrent vers la gare A. Il faut garder à l'esprit que l'express avait dépassé la gare B, et que personne ne l'avait vu atteindre la gare A.

Mais ils n'étaient pas encore arrivés à la gare A, que, sur la ligne, *sur la ligne par laquelle ils venaient de passer* , ils aperçurent un wagon, ou plutôt un wagon et un fourgon de garde ! Ils saluèrent le spectacle, à leur manière française, avec des hurlements de fous. D'où vient cette extrémité d'un train ? Et qu'était devenu le début du train, c'est-à-dire la locomotive, le wagon-restaurant, le wagon-restaurant et les trois wagons de couloir ?

Regardez le plan. C marque le point de la ligne où les agents des gares A et B se sont rencontrés lorsqu'ils cherchaient le train. C'est aussi le moment où le chef de gare de A est tombé mort. Les deux états-majors ramenaient alors, en corps, le chef de gare mort vers A, lorsqu'au point D, point qu'ils avaient dépassé quelques minutes auparavant, et où ils n'avaient rien vu, ils trouvent un wagon de chemin de fer. et un fourgon de garde.

Ces gens accueillirent ce spectacle par des cris de fous ; et alors ils aperçurent une tête bizarre qui regardait par une des fenêtres du wagon. Ça bougeait. Cette tête n'avait pas d'oreilles ; et l'homme sans oreilles *avait la tête hors de la portière* . Ils lui ont crié. Dès qu'ils l'ont aperçu, ils lui ont demandé ce qui s'était passé. Mais l'homme ne répondit pas. Ce qui était étrange, c'est que sa tête remuait de gauche à droite, comme si elle était poussée par le vent qui soufflait à ce moment-là avec une certaine force. C'était une tête aux cheveux crépus. Il était courbé vers le bas ; et la cravate à haut col, très blanche en ce jour gris, était dénouée et ruisselait au vent.

Enfin , lorsqu'ils s'approchèrent (ils se déplaçaient lentement parce qu'ils portaient le chef de gare), ils virent clairement la réalité choquante. Non seulement l'homme avait la tête hors de la fenêtre, mais il l'avait également coincée dans la fenêtre. Le malheureux a dû ouvrir la fenêtre et sortir la tête pendant que le train roulait ; et la fenêtre a dû être violemment soulevée et lui a coupé la tête à moitié ! En voyant cela, les deux bâtons hurlèrent de nouveau ; puis ils déposèrent le corps du chef de gare, contournèrent le fourgon de garde, *dans lequel il n'y avait personne* , et ouvrant une porte de l'autre côté de la voiture, ils trouvèrent qu'elle était vide, sauf l'homme *dont la tête a été coincé dans la fenêtre* et que son corps, à l'intérieur de la voiture, a été *dépouillé de tous ses vêtements* .

La nouvelle de ces horreurs fantastiques se répandit aussitôt dans tout le district. Une foule immense s'est rassemblée sur les quais de la station A tout le reste de la journée. Les principaux responsables de la ligne venaient de Paris. Non seulement ils n'ont pu expliquer, ce jour-là et les jours suivants, la mort de l'homme qui avait passé la tête par la fenêtre du wagon, mais ils n'ont toujours pu retrouver ni le train ni les passagers. On ne parla que de cette étrange affaire aux funérailles du chef de gare de A, qui furent célébrées avec une grande solennité, et aussi dans toute l'Europe et l'Amérique.

# CHAPITRE XXII

## DANS LEQUEL LA CATASTROPHE QUI APPARAÎT SUR LE POINT D'ÊTRE EXPLIQUÉE, DEVIENT ENCORE PLUS INEXPLICABLE

Jusqu'à présent , je n'ai donné que le plan le plus simple de la ligne, afin de rendre le fond de l'affaire aussi clair que possible. Ce plan n'est pas tout à fait complet, car bien qu'il n'y ait qu'une seule ligne reliant les stations A et B, il y avait une courte ligne secondaire, H I, qui menait à une sablière qui avait approvisionné une verrerie. Mais la verrerie étant tombée en panne, on ne travailla plus à la sablière ; et la ligne de touche fut pratiquement abandonnée. Voici le plan complet :

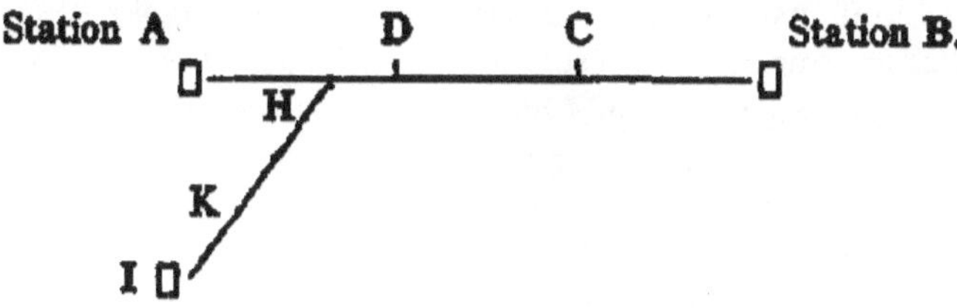


On supposera naturellement que cette ligne secondaire menant à la sablière va fournir l'explication, l'explication toute simple de la disparition de l'express. Mais si la question avait été aussi simple que semble le laisser croire la ligne latérale, je n'aurais guère dû l'omettre sur la première carte. J'aurais pu dire tout de suite : « Il est bien évident que, par suite d'un concours de circonstances qu'il reste à déterminer, l'express, au lieu de continuer à suivre la ligne B A, a dû s'engager sur la ligne secondaire H I, et s'enfouit dans la vaste masse de sable meuble de la sablière I. Se précipitant à une vitesse de plus de soixante milles à l'heure, il s'enfonça évidemment dans la masse de sable qui le recouvrait, et c'est la raison stupide mais réelle. de sa disparition."

Mais, sans parler du fait que cela n'explique pas la présence, au point D, du fourgon de garde et du wagon par la fenêtre duquel le signor Petito avait passé la tête, cette explication ne pouvait échouer. se produire à l'intelligence alerte des ingénieurs de l'entreprise. De plus, il y avait des pointes et un interrupteur au point H ; cet interrupteur, conformément au règlement, était cadenassé ; et la clé avait été emportée.

Je n'attachais en effet aucune importance au fait que *le cadenas soit verrouillé* ; car, il me paraissait bien probable que la clé avait été laissée dans le cadenas, *ce qui avait effectivement été le cas* , et que Théophraste, qui avait de bonnes raisons d'arrêter le train pour rejoindre le signor Petito , avait profité de la présence de cette clé, pour déplacer les points. Il suffisait d'appuyer sur le levier de l'interrupteur ; et cela expliquerait pourquoi le train n'a pas été aperçu par le signaleur en A, puisque, au lieu de continuer sur la ligne B A, il avait bifurqué vers la sablière en remontant H I. Je me suis dit tout cela ; et si cela avait expliqué quelque chose, je l'aurais énoncé immédiatement, et au lieu de donner deux cartes, j'aurais donné simplement la dernière avec la ligne latérale H I dessus.

Si je ne l'ai pas fait, c'est parce que la ligne secondaire H I n'explique rien. J'ai cru aussi au début que cela allait nous faire comprendre la disparition de l'express, mais en fait *cela complique la catastrophe au lieu de l'expliquer* ; car voici l'histoire, l'histoire vraie ; et cela aussi continue à n'expliquer rien du tout.

En se promenant sur la route qui longe la voie ferrée, Théophraste avait remarqué la petite ligne latérale et avait vu que la clé avait été laissée dans le cadenas de l'aiguillage. Ce fait, qui n'avait eu pour lui aucune importance avant son bref mais orageux entretien avec la Signora Petito , prit une importance énorme lorsqu'il résolut de rejoindre à tout prix la Signor Petito , qui était dans le train *qui allait passer sous son commandement. nez* . M. Longuet se dit : « Je ne peux pas monter à bord de l'express, en me précipitant entre les deux gares A et B, comme d'habitude. Mais il y a une petite ligne de côté H I, la clé est dans le cadenas de l'aiguillage ; j'ai il suffit de tourner le levier, et l'express s'élancera vers HI. Comme il fait grand jour, le mécanicien verra ce qui s'est passé, il arrêtera le train, et je profiterai de son arrêt pour y monter.

Rien de plus simple ; et Théophraste l'a fait. Il tira sur le levier de l'interrupteur, longea la ligne de touche et attendit l'express.

Théophraste, caché derrière un arbre pour qu'aucun des fonctionnaires de l'express ne puisse le voir, attendait son arrivée au point K, c'est-à-dire un peu plus qu'à mi-hauteur de la ligne de touche, c'est-à-dire à cet *endroit. côté du bac à sable I* . Il attendait l'express venant de H, *les yeux rivés sur la voie* . Si, comme tout le monde a dû le supposer depuis que j'ai parlé de la sablière, le train venant de H s'était enseveli dans le sable en I, Théophraste, qui était en K, entre H et I, a dû le voir. Mais Théophraste attendait le train et attendait le train et attendait le train. Il l'attendait comme le signaleur de la station A l'avait attendu ; et il n'a pas plus vu l'express que le signaleur en A et le reste des agents de la ligne.

*L'express avait disparu pour M. Longuet comme il avait disparu pour le reste du monde.*

A tel point que, fatigué d'attendre, M. Longuet descendit jusqu'à H pour voir ce qui se passait. Là, il aperçut l'état-major de A, qui se précipitait vers B à la recherche de l'express. Il se demandait tristement ce qui avait pu devenir l'express ; et ne trouvant pas de réponse à la question, il remonta H I, et lorsqu'il arriva à K, qu'il venait de quitter, il trouva le fourgon de garde vide et le wagon de chemin de fer que quelques minutes plus tard les deux états-majors devaient retrouver à D!

Une fois de plus, il ne jura que par l'accélérateur de Mme. Phalaris, et enfouit son front dans ses mains, se demandant comment ce fourgon de garde et cette voiture étaient arrivés là, puisque l'express lui-même n'était pas arrivé. *Elle n'était pas venue, puisque lui, Théophraste, n'avait pas quitté la piste.*

Soudain, il aperçut par la fenêtre du wagon une tête d'homme qui s'agitait ; et comme cette tête n'avait pas d'oreilles, il reconnut le signor Petito .

Il sauta dans le wagon, *et sans prendre la peine de baisser la vitre et de libérer la tête* du malheureux expert en écriture, il le déshabilla et se mit à les enfiler. Théophraste, qui se savait traqué par la police et en qui l'astuce de Cartouche reprenait vie, se déguisait. Une fois habillé, il fit un paquet de ses propres vêtements et descendit de la voiture. Il fouilla dans les poches du signor Petito , sortit son portefeuille, s'assit sur le talus et se plongea dans l'étude des papiers qu'il contenait, à la recherche des traces de ses trésors. Mais le signor Petito avait porté au tombeau le secret des trésors des Chopinettes ; on ne parla plus jamais du Gall, du Coq, des Chopinettes , ni des trésors : de sorte que la Signora Petito , qui apprit quelques minutes plus tard la mort extraordinaire de son mari, devint bientôt folle et fut enfermée dans une maison d'aliénés. l'asile pendant six mois.

Mais nous ne nous préoccupons que du malheur de Théophraste, qui surpasse tellement tous les autres malheurs humains, et qui est si difficile à croire, qu'il nous faut tout le concours que la science peut nous apporter pour le croire entièrement. Je ne peux pas croire que l'esprit de mes lecteurs soit si bas, ou leur imagination si pauvre, que la question des trésors puisse les intéresser véritablement, lorsqu'ils sont confrontés à ce phénomène, d'un intérêt si transcendant, l'âme de Théophraste.

Bientôt, ce malheureux, ne trouvant rien qui l'intéressait dans les papiers du signor Petito , poussa un profond soupir. Il releva la tête ; et voilà ! *le fourgon de garde et le wagon du signor Petito avaient disparu !*

# CHAPITRE XXIII

## LE MAÇON MÉLODEUX

Théophraste, bien qu'il ait eu raison de ne plus s'étonner de rien, fut néanmoins étonné de la disparition du wagon, avec la tête sans oreilles du signor Petito qui remuait au vent. D'un air mélancolique, il parcourut la petite voie latérale, se demandant s'il ne devait pas être plus étonné de la disparition de la voiture que de sa brusque apparition. En vérité, la suppression de l'express troublait profondément son esprit.

Il me semble que moi, qui connais les secrets de la boîte de santal, n'ai pas le droit de donner l'explication de cette suppression avant l'heure à laquelle Théophraste l'apprit lui-même, d'après une observation bien banale que le commissaire de police, M. Mifroid , étudiant sérieux en logique dès son plus jeune âge, lui fut rendu dans les catacombes de Paris. En même temps, il est juste de dire que tous les points du problème sont déjà en possession du lecteur, qui peut le résoudre lui-même, s'il ne l'a pas déjà fait, sans plus tarder. Théophraste alors, prosterné, descendit la ligne de côté, arriva à la bifurcation, examina l'interrupteur, repoussa le levier sur lequel il avait poussé, verrouilla le cadenas et emporta une fois pour toutes la clé. qui y avait été si négligemment laissé quelques jours auparavant. Il a accompli cette action parce qu'il estimait que c'était juste ; et il remit l'interrupteur à sa place, parce qu'il sentait que sa raison ne supporterait pas une nouvelle disparition de l'express.

Toujours mélancolique, il atteignit la gare A déserte. Tout le reste du personnel était absent à la recherche de l'express ; seul le signaleur était aux aguets. Théophraste interrogea le signaleur, qui ne put que dire, en désignant le bras rouge du signal :

" *L'express est signalé , mais il n'arrive pas !* "

"Est-ce que c'était vraiment signalé depuis la dernière station ?" dit Théophraste.

"Oui, monsieur, le chef de gare et tout le personnel de la dernière gare ont vu passer l'express. Ils nous l'ont télégraphié. D'ailleurs, monsieur, regardez mon petit bras rouge ! Regardez mon petit bras rouge ! Et il Il est tout à fait impossible qu'il y ait eu une épave entre la dernière gare et celle-ci. Il n'y a pas de pont, monsieur, pas de viaduc, pas d'œuvres d'art. D'ailleurs, tout à l'heure, je suis monté en haut de cette échelle contre le grand char là-bas. " De là, vous pouvez voir toute la ligne jusqu'à l'autre gare. J'ai vu nos gens sur la ligne, gesticulant, mais je n'ai pas vu l'express ! "

"Étrange, très étrange", dit Théophraste tristement.

"Étrange n'est pas le mot pour ça ! Regarde mon petit bras rouge !"

"Inexplicable!" » dit Théophraste sombrement.

"La chose la plus inexplicable au monde !" s'écria le signaleur.

"Non : il y a une chose encore plus inexplicable qu'un express qui disparaît avec sa locomotive et ses passagers sans que personne ne puisse dire ce qu'il est devenu", dit Théophraste du même ton sombre.

"Qu'est-ce que c'est que ça ?" dit le signaleur en ouvrant plus grand que jamais ses yeux étonnés.

"Eh bien, un wagon sans locomotive qui apparaît tout à coup sans qu'on puisse dire d'où il vient."

"Quoi?" s'écria le signaleur.

"Et qui a disparu aussi soudainement qu'il était apparu... Vous n'auriez pas vu passer par ici un wagon avec un homme qui regardait par la fenêtre ?"

"Vous vous moquez de moi, monsieur !" dit le signaleur avec un peu de chaleur. " *Vous exagérez !* Juste parce que vous ne croyez pas à l'histoire de l'express qui a été signalé et qui n'arrive pas ! Mais regardez, monsieur, regardez ! Regardez mon petit bras rouge ! "

M. Longuet répondit : « Si vous n'avez pas vu l'express, moi non plus !

Il haussa amèrement les épaules et quitta la gare. Une idée lui était venue : son malheur était si profond et si irrémédiable qu'il était résolu à mourir... pour les autres.

Avec un peu d'astuce, la chose est réalisable, voire facile. Puisqu'il porte les vêtements du Signor Petito , rien ne l'empêche de laisser ses propres vêtements au bord de la première rivière qu'il rencontre. Cette simple démarche constituera un acte formel de suicide. Voyez Marceline et Adolphe de nouveau en paix !

Au bord de quelle rivière M. Longuet a -t-il déposé ses vêtements ? Comment est-il rentré à Paris ? Ce sont des questions de si peu d'importance qu'il n'en fait aucune mention dans ses mémoires. Il n'y a qu'une chose qui compte vraiment, *c'est l'explication de la disparition de l'express* .

Dans le sombre coucher de soleil de novembre , un ouvrier rebouchait un trou dans la chaussée d'une place parisienne dans l'ancien quartier d'Enfer . Tout en le remplissant, il chantait l' *Internationale* , l'hymne des partis travaillistes avancés du monde entier.

Cet ouvrier, maçon, était occupé avec ses camarades à contribuer à cette occupation perpétuelle des municipalités modernes, à relever les rues ; et la rue était en haut.

Les ingénieurs municipaux avaient fait un nouvel égout dans le quartier d'Enfer , en ignorant patiemment que sous ce quartier les catacombes étendaient leurs innombrables tunnels. Il était tout naturel que le fond du fond de l'excavation, dans lequel on faisait le nouvel égout, soit tombé, et qu'on ait été obligé de reposer les canalisations sur des traverses de chemin de fer coupées en deux. Ils étaient pourtant au bout de leur tâche : le trou au fond de l'excavation, qui descendait jusqu'à un passage des Catacombes, était à peu près muré ; et l'ouverture qui restait ne pouvait pas avoir plus de trois pieds de diamètre. Pendant que le maçon la maçonnait, il chantait l' *Internationale* .

A la même heure, à quelques mètres de la place, M. Mifroid se tenait devant le comptoir d'un magasin où l'on vendait des lampes électriques et en achetait une demi-douzaine pour ses hommes. Chaque lampe était garantie de donner quarante-huit heures de lumière, même si elle n'était pas beaucoup plus grande qu'un étui à cigares. Ses lampes avaient été emballées ; et il venait de passer ses doigts dans la boucle de la ficelle du paquet, lorsqu'un peu en bas du comptoir il aperçut un homme, encore jeune mais aux cheveux bien blancs, glissant dans sa poche plusieurs exemplaires de ces lampes électriques sans payer. eux. Ils seraient sans doute aussi utiles à un voleur qu'à un policier. M. Mifroid , avec son courage habituel, s'élança vers l'homme en criant : « C'est Cartouche !

Il l'avait reconnu grâce au fait que depuis la Vengeance du Veau, chaque commissaire de police de Paris portait dans sa poche un portrait du nouveau Cartouche. Ils les devaient à Mme. Longuet elle-même et M. Lecamus , qui avaient fui l'article du journal du soir vers le commissariat le plus proche, se sentant obligés, dans l'intérêt de l'humanité, d'informer la police, avec un certain retard, de l'état mental du bicentenaire de Théophraste.

Aussi M. Mifroid , qui avait eu en outre l'avantage de connaître Théophraste chez lui, le reconnut aussitôt.

Théophraste, qui connaissait depuis quelques nuits les intentions de la police, lorsqu'il aperçut M. Mifroid et entendit son cri, se dit : « Il est temps que je parte !

Il s'est enfui du magasin ; et le commissaire de police se précipita après lui.

Pour en revenir à notre maçon, il chantait tout le temps l' *Internationale* . Il était seul, car ses camarades étaient allés au coin se rafraîchir. Il était au refrain de la chanson ; et c'était la soixante-dix-neuvième fois qu'il la chantait depuis deux heures de l'après-midi. Il leva la tête vers le Ciel et rugit :

" Cellalutte finale Groupppons -nous etddemain ..."

La tête tournée vers le ciel, il ne vit pas deux ombres voler tête baissée, qui, l'une après l'autre, tombaient par le trou ; leurs cris étaient noyés dans le volume sonore qui sortait de ses poumons. C'étaient les ombres de Théophraste et de M. Mifroid qui le poursuivaient dans le crépuscule. Dans leur précipitation insouciante, ils tombèrent proprement dans la rue qui se trouvait en haut. Le maçon tourna la tête un peu vers la droite et rugit avec enthousiasme :

" L'lnterrrnationaaaaleu Sera le genrrhummain !... "

Et il a fini de reboucher le trou. En chantant l' *Internationale* , il avait accompli l'acte symbolique d'enterrer un policier et un voleur.

# CHAPITRE XXIV

## LA SOLUTION DANS LES CATACOMBES

«Quand on revient à soi au fond des Catacombes, dit le commissaire Mifroid dans l'admirable rapport d'affaire qu'il a rédigé, la première pensée qui s'introduit dans l'esprit est effrayante : la peur d'être démodé. ... J'entends par là une inquiétude soudaine de se voir reproduire tous les comportements ridicules dont les écrivains de romans et de mélodrames ne manquent jamais de culpabiliser leurs malheureux héros lorsqu'ils se trouvent emmurés dans des cavernes, des grottes, des fouilles, des cavernes ou des tombeaux.

« Au moment de ma chute, alors même que je parcourais si rapidement l'espace qui me séparait du sol des Catacombes, ma présence d'esprit ne m'abandonnait pas. J'avais conscience que je tombais dans ces millénaires. des métros qui entrelacent leurs innombrables et capricieux détours sous le sol de Paris. Ce que je ressentis ensuite fut un léger et douloureux engourdissement qui suivit ma sortie de l'insensibilité dans laquelle m'avait plongé le choc inévitable. J'étais alors, dans les Catacombes. Tout de suite je me suis dit : « Il ne faut surtout pas être démodé.

« Il eût été démodé, par exemple, de pousser des cris de désespoir, d'en appeler à la Providence, ou de se frapper le front contre le mur du couloir. Il eût été démodé de trouver au fond de ma poche une tablette de chocolat et la diviser aussitôt en huit morceaux qui auraient représenté une subsistance assurée pendant huit jours. Il eût été tout aussi démodé de trouver un bout de bougie dans ma poche - un endroit où aucun être humain rationnel ne garde jamais des bouts de bougie - et cinq ou six allumettes, ce qui crée un problème angoissant : faut-il laisser la bougie brûler une fois allumée, ou bien l'éteindre et la rallumer au prix d'une autre allumette, problème qui interfère souvent avec le bon fonctionnement de la bougie. digestions de familles entières qui lisent des romans.

" Je n'avais rien dans ma poche. Je m'en assurais avec une extrême satisfaction ; et dans l'obscurité des Catacombes , je frappais mes poches en répétant : " Rien ! Rien ! Rien ! "

« Au même moment, je me suis dit qu'il serait tout à fait dans l'air du temps pour un homme dans ma situation d'éclairer sans plus tarder l'obscurité opaque qui pesait si lourdement sur mes yeux et les fatiguait, d'un soudain et radieux éclat électrique. Étoile. N'avais-je pas, avant de tomber dans ce trou, acheté une demi-douzaine de lampes électriques du dernier modèle ? Le colis a dû m'accompagner dans ma chute. Sans bouger, je tâtonnais et posais la main dessus. Par grand bonheur, le Les lampes étaient intactes, j'en pris une et j'appuyai sur le bouton. La fouille était éclairée d'une lueur féerique, et je ne pus m'empêcher de sourire au malheureux qui, enfermé dans quelque caverne, rampe invariablement en retenant son souffle. derrière une misérable petite flamme qu'il éteint aussitôt en toute hâte.

"Je me levai et examinai le plafond. Je savais que les rues étaient ouvertes et que les travaux étaient presque terminés. J'étais donc d'autant moins surpris, en regardant par le trou par lequel j'étais tombé, de voir aucune étincelle de lumière du jour, et me rendre compte qu'elle était entièrement maçonnée. Or, plusieurs mètres de terre me séparaient des êtres vivants, sans la moindre possibilité de les percer, même si le plafond n'était pas trop haut pour que je puisse le percer. Je m'en suis satisfait sans aucune sensation de contrariété, puis, après avoir tourné mon rayon électrique sur le sol, j'ai aperçu un corps.

" C'était le corps de M. Théophraste Longuet , le corps du nouveau Cartouche. Je l'ai examiné et j'ai constaté qu'il ne présentait aucun signe d'aucune blessure grave. L'homme devait être étourdi, comme je l'avais été moi-même ; et sans doute il le serait bientôt. Je me rappelai que M. Lecamus m'avait présenté un jour à son ami aux Champs-Elysées, et me voilà face à face avec lui comme un des assassins les plus abandonnés.

" Au moment même où cela me venait à l'esprit, M. Longuet poussa un profond soupir et étendit les bras. Il se plaignit de douleurs dans tout son corps, me souhaita bonsoir et me demanda où nous étions. Je le lui dis. Il le fit. Il ne parut pas tout à fait consterné par cette nouvelle, mais sortant un portefeuille de sa poche, il traça quelques lignes qui ressemblaient à un plan, me les montra et dit :

" " Mon cher M. Mifroid , nous sommes au fond des Catacombes. C'est un événement extraordinaire, et comment nous allons en sortir, je ne sais pas. Mais l'affaire qui me préoccupe en ce moment est en réalité bien plus intéressante. croyez-moi, plutôt que de tomber dans les catacombes. Je vous prie de jeter un coup d'œil à ce petit plan.

" Il me tendit le feuillet de son portefeuille, sur lequel je vis ceci :

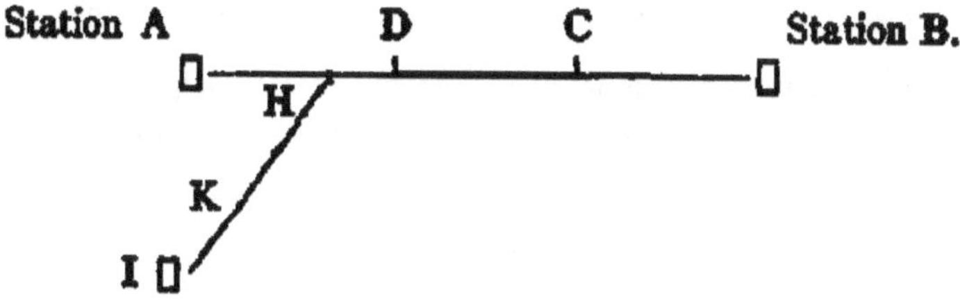


"Il a éternué deux fois.

«

« Oui ; j'ai eu un gros rhume depuis que j'ai fait une assez longue promenade une nuit pluvieuse sur les toits de la rue Gerando », dit-il.

" Je lui ai conseillé de ne pas le négliger. Je dois dire que cette conversation tranquille et naturelle entre deux hommes au fond des Catacombes, quelques minutes après leur rétablissement d'une chute si inattendue, m'a procuré un plaisir infini. Après avoir réfléchi aux lignes sur Dans le journal, j'en demandai l'explication, et M. Longuet me raconta l'histoire de la disparition d'un train express et de la réapparition d'un wagon de chemin de fer, qui était de beaucoup la plus fantastique que j'aie jamais entendue. voulait faire disparaître un express entre A et B en l'envoyant sur une ligne latérale H I, en déplaçant les aiguillages, *et il l'avait attendu à K.* Mais le train n'était apparu ni en A ni en K, c'est-à-dire ", soit à lui, soit à quelqu'un d'autre. Ensuite un wagon de chemin de fer lui était apparu à K; et bientôt ce wagon lui-même avait disparu. J'aurais bien pu croire que cet homme, considérant son passé (le passé de Cartouche!) et l'histoire qu'il me raconta maintenant serait folle s'il ne s'était pas exprimé avec autant de logique et ne m'avait pas donné les détails matériels les plus exacts sur les points, le changement et tous les faits de l'affaire.

"D'ailleurs, c'est une expérience commune qu'un fou comprend toujours tout. Mais cet homme voulait comprendre. Je l'ai supplié de répéter l'histoire. Il n'a rien dit. Deux fois j'ai réitéré ma demande et il n'a toujours rien dit. J'étais sur le point perdre patience, quand, comprenant que je lui avais demandé quelque chose, il me dit que de temps en temps il était sourd pendant quelques minutes.

"Depuis qu'il avait recouvré l'ouïe, nous sommes revenus sur le problème de l'express. Il m'a assuré qu'il préférait mourir dix fois au fond des Catacombes plutôt que d'en sortir une fois sans savoir ce qu'était devenu cet express. "Je je ne veux pas, ajouta-t-il, perdre la chose la plus précieuse au monde : ma Raison.

« « Et quand est-ce arrivé ? » dis-je. Car, en fait, je n'ai rien entendu parler de la disparition d'un exprès, et cela devrait être généralement connu.

« Cela doit être connu maintenant, dit-il d'un ton très mélancolique. Cela n'est arrivé que quelques heures avant notre chute dans les Catacombes. »

" J'ai examiné encore une fois le journal pendant bien cinq minutes. J'ai réfléchi profondément, demandé certains détails complémentaires, puis j'ai éclaté de rire : même si, en vérité, ce n'était pas risible, car la catastrophe était vraiment épouvantable. Ce qui m'a fait rire, c'est l'apparente difficulté du problème et la joie de l'avoir résolu en cinq minutes.

« Vous vous croyez un être humain rationnel, m'écriai-je, parce que vous avez la Raison ! Mais vous êtes exactement comme quatre-vingt-dix-neuf personnes sur cent, vous ne savez pas vous en servir. Vous parlez de La Raison ; *mais à quoi sert la Raison dans un cerveau qui ne sait par quel bout la saisir ?* C'est un merveilleux instrument entre les mains d'une poupée ! Ne détournez pas la tête de cette manière boudeuse, M. Longuet ... Je vous le dis : *vous ne savez par quel bout vous saisir de votre Raison !* Allons, M. Longuet : raisonnons avec ce papier entre les mains.

" Il a essayé, l'idiot ! Il a dit : " Il y avait cinq hommes en A et cinq hommes en B. Les cinq hommes en B ont vu le train passer ; les cinq hommes en A ne l'ont pas vu. Je... j'étais à K ; et je suis sûr que ça n'est pas passé à K... par conséquent...'

"'Du coup ?... Du coup il n'y a plus d'express ? Du coup ton express a disparu - fondu - s'est envolé ? Hé, hop : disparait express ! *Vous pensez peut-être que l'express est dans la Manche !* Vous voyez bien, M " Longuet , que si vous avez la Raison, vous ne savez pas vous en servir. Permettez-moi de vous dire *que vous avez pris votre Raison par le mauvais bout !* Le mauvais bout est celui qui commence par dire : " Nous n'avons pas voir l'express », et qui finit par dire : « Alors il n'y a plus d'express ! Mais je vais *vous montrer comment saisir votre Raison par le bout droit* ... C'est ceci : la vérité est que l'express existe, et qu'il existe entre les points B, où on l'a vu passer, A, où on ne l'a pas vu passer, et moi, là où il ne pouvait pas passer. Puisque nous sommes dans une plaine, votre express est entre A, B et I. C'est certain... "

"'Mais!'

" " Chut ! Tais-toi ! Et comme nous sommes dans une plaine, et que dans cette plaine il y a une immense masse de sable meuble, le seul endroit où le train aurait pu disparaître est dans cette masse de sable : *c'est l'éternelle vérité. !* '...

"'Je jure que non ! J'étais à K en attendant l'express ; et je n'ai pas quitté la ligne H I.'

"'Par les chefs-d'œuvre immortels de la Renaissance italienne, je vous commande de ne pas lâcher le bon bout de votre Raison que j'ai mis entre vos mains. Nous discutons en ce moment de ce qui est ; nous n'en sommes pas encore au *comment* . c'est parce que tu as commencé par le *comment* que tu n'as pas pu atteindre ce qui *est* . *L'express est en I, puisqu'il ne peut être nulle part ailleurs.* Je suis sûr que les cinq hommes n'ont pas pu le voir passer B, comme ils l'affirment, à moins qu'il n'ait passé. Je suis aussi certain que cinq hommes n'auraient pas pu être incapables de le voir en A s'il avait dépassé A ; et puisque la ligne A B a été examinée et trouvée ne contenant pas l'express, elle doit être qu'il a coupé sur la ligne H I. Nous voilà donc avec le train sur la ligne H I.

« Mais j'étais là aussi, s'écria Théophraste, et je vous jure *que non !* »

"'Cher ! Chère ! Tiens-toi au bout droit de ta Raison ! Tu étais à K ; l'express a passé K ; *il faut qu'il passe K* ; *il faut qu'il aille plonger en I, puisqu'il ne peut être nulle part ailleurs* ... Par un *nécessaire* hasard, alors que le début du train s'engouffre dans la masse de sable (je tiens pour acquis que la ligne H I est trop courte pour que le conducteur de locomotive, ayant perçu l'erreur de direction à mi-hauteur, ait eu le le temps de conjurer la catastrophe), les attelages de la dernière voiture se brisèrent, et la voiture et le fourgon de garde commencèrent à descendre la ligne qui était en pente puisqu'elle aboutissait à cette masse de sable. Là, après avoir descendu la en direction de H et en remontant jusqu'à K, vous avez vu la voiture et le signor Petito à la fenêtre. (Probablement le signor Petito a ouvert la fenêtre avec l'intention de sauter, au moment où il a compris la catastrophe imminente, et comme cela s'est produit le choc il a fermé la tête à la fenêtre.)

"'Ça je comprends ; mais ce que je ne comprends pas...'

"' *Considérons d'abord ce que nous comprenons* : c'est la bonne fin de la Raison. Nous examinerons ensuite ce que nous ne comprenons pas. Personne ne se trouve dans le fourgon de garde. Le choc a sans doute jeté le garde dans le sable. *Tous c'est certain.* Maintenant, après avoir déshabillé le signor Petito , vous vous êtes assis sur le talus et avez lu ses papiers. Quand vous avez levé la tête, le wagon n'était plus là. Eh bien, comme il y avait une pente et depuis il y eut un vent qui secoua la tête de M. Petito à la fenêtre, la voiture, après avoir glissé jusqu'en H, se retrouva de nouveau sur la ligne A B un peu plus haut que H du côté de B, où le bâton de la gare l'ont certainement trouvé maintenant. *Comprenez-vous maintenant ? Comprenez-vous tout, sauf que vous n'avez pas vu le train passer K ? Puisque tout est ainsi expliqué, il faut que ce soit ainsi que les choses se soient passées.* Maintenant, je cherchez seulement comment vous n'avez pas pu voir le train passer K. Ce qu'il est impossible d'expliquer dans le cas de cinq personnes en A ou en B peut très bien s'expliquer dans le cas d'une seule en K.

« — J'attends, dit M. Longuet .

« J'ai ri — et il y avait vraiment raison de rire — et j'ai continué : « Il y a des moments où vous êtes sourd, monsieur Longuet ?

« Il y en a certainement, dit M. Longuet .

"'Supposons que vous soyez sourd au moment où vous attendez le train à K, *alors vous ne l'auriez pas entendu* .'

"'Non, mais j'aurais dû le voir.'

"Nous en sommes déjà arrivés au fait que vous ne *l'avez pas entendu* . C'est un progrès considérable ! Que Dieu vous bénisse, M. Longuet ! Que Dieu vous bénisse !" (M. Longuet éternuait.)

" M. Longuet m'a remercié de mon pieux vœu, et comme il continuait à éternuer, j'ai sorti ma montre de *sa poche* (il me l'avait déjà volée), et je lui ai dit : 'Vous savez, M. Longuet , combien de temps dure un seul de vos éternuements, c'est-à-dire combien de temps restez-vous la tête penchée pendant que vous éternuez ?... Trois secondes !... C'est-à-dire une seconde et deux cinquièmes de plus que ce qui est Il faut manquer de voir passer devant vous un express à quatre voitures qui roule à soixante milles à l'heure. Monsieur Longuet , l'express a disparu, ou plutôt a semblé disparaître, *parce que vous étiez sourd et enrhumé* !

" M. Longuet leva follement les bras vers le plafond des Catacombes.

# CHAPITRE XXV

## M. MIFROID Prend les devants

"Quand M. Longuet fut revenu de l'émotion dont l'avait rempli mon explication de la disparition de l'express, il m'embrassa et me remit un revolver qu'il avait trouvé dans la poche du signor Petito . Il ne voulut pas le garder. Il désirait que je puisse, au besoin, me défendre contre les bizarreries dont il craignait, pour des raisons fondées, hélas ! sur une expérience trop réelle, le retour dangereux. C'est pour la même raison qu'il me confia un grand couteau qui venait également de la poche du Signor Petito .

"Nous avons ri; et puis nous nous sommes mis à considérer sérieusement notre situation. M. Longuet a continué à vider ses poches; et il en est sorti sept petites lampes électriques semblables à celles que j'avais moi-même achetées avant de tomber dans ce trou. Il s'est félicité. , disant que son instinct avait eu raison de le pousser à en prendre beaucoup, car, en ajoutant mes six à ses sept, nous avions maintenant treize lampes, garanties de donner quarante-huit heures de lumière chacune, ce qui nous donnait six cent vingt -quatre heures de lumière consécutives. Il ajouta que comme nous n'avions pas besoin de lumière pendant les dix heures de la journée, l'après-midi - il était partisan de la sieste réparatrice - et la nuit, pendant laquelle nous devions dormir, nous avions de la lumière pendant quarante - quatre jours huit heures.

" Je lui ai dit : " Vous êtes tout à fait trop démodé, M. Longuet ... Une cartouche emmurée dans les Catacombes aurait fait exactement la même chose avec des lampes électriques que vous. Mais moi, M. Longuet , je prends vos sept lampes. et ajoutez-y trois des miens ; et voici ce que j'en fais ! »

"Je les ai jetés négligemment contre le pied du mur.

« Cela ne sert à rien de traîner ces *empêchements* », dis-je. « Avez-vous faim, monsieur Longuet ? »

« Très, M. Mifroid . »

« « Combien de temps pensez-vous que vous pourriez avoir faim ? »

"Comme il ne semblait pas comprendre, je lui ai expliqué que je voulais lui demander combien de temps il pensait pouvoir rester aussi affamé sans manger.

"'Je suis presque sûr', dit-il, 'que si je devais rester quarante-huit heures aussi affamé que ça...'

« Supposons que vous restiez aussi affamé pendant sept jours », l'interrompis-je. « Trois lampes nous suffiraient bien, car au bout de ces trois lampes nous n'aurions pas besoin de lumière ! »

" Il avait compris. Mais il sourit aimablement, tâtonna, sortit du sol un paquet de bonne taille et dit :

" " Mais voyez-vous, M. Mifroid , je n'ai pas besoin de supporter cette faim un instant de plus que nécessaire . J'ai ici un jambon qui pèse dix livres, soit cent soixante onces. On m'assure que si un homme le mâche de la manière inventée par M. Fletcher des Etats-Unis, il peut vivre pendant une durée illimitée avec quatre onces de jambon par jour, et conserver la pleine possession de ses facultés et de sa puissance musculaire. Nous avons donc de la nourriture pour un homme pendant quarante jours. de la nourriture pour deux pendant vingt jours. Et puis... il s'arrêta et une lumière singulière lui vint aux yeux. Je pense, monsieur Mifroid , qu'alors... au bout de ces vingt jours, *l'un de nous flechérisera l' autre !* '

« Rien, M. Longuet , rien ne m'inciterait à préserver ma vie par la pratique dégradante du cannibalisme ! » Dis-je chaleureusement.

« C'est un sentiment qui vous fait beaucoup d'honneur , monsieur Mifroid , dit M. Longuet . Mais il n'est pas nécessaire, et même il serait impossible, que nous devenions tous deux cannibales. »

" J'étais naturellement extrêmement dégoûté que M. Longuet ait commis un acte si monstrueux et démodé qu'il ne pouvait même pas faire une visite inattendue aux Catacombes, par un trou dans la rue, sans apporter un jambon avec mais j'ai ramassé les dix autres lampes électriques. Je n'ai pas laissé mon ennui naturel s'exprimer en paroles ; je lui ai seulement dit : " Comment diable fais-tu pour te promener dans Paris avec un jambon de dix livres ? "

« Je vais écrire mes mémoires, dit M. Longuet . Et comme la tranquillité est nécessaire à l'écriture de ses mémoires, et je craignais que vous, messieurs de la police, ne fassiez de votre mieux pour me ravir cette paix, si Je vous en ai donné l'occasion, j'allais m'enfermer dans une petite cachette que je connais avec ce jambon, ces lampes électriques et quelques autres provisions nécessaires que je n'avais pas encore achetées, pour écrire sans interruption. des stylos que j'ai déjà achetés, et ils sont dans ma cachette.

"L'excuse était valable et il n'y avait rien à dire. Je me suis lancé dans le couloir.

"'Où vas-tu?' il a dit.

« Peu importe où, dis-je. Mais il est nécessaire d'aller n'importe où plutôt que de rester ici, car ici il n'y a aucun espoir. Nous réfléchirons à notre route en marchant. Notre seule sécurité est de marcher ; et de en marchant vingt jours sans nous repérer, nous avons toutes les chances d'arriver quelque part.

"'Mais pourquoi sans nous repérer ?' Il a demandé.

" " Parce que, répondis-je, j'ai remarqué que dans tous les récits des Catacombes, ce sont toujours ces repères qui ont fait la ruine des malheureux qui se sont perdus. Ils se sont confondus les repères, en ont été réduits au plus grand désarroi. " Et je tombai dans l'épuisement du désespoir. Dans notre situation, il faut éviter toute cause de désespoir. Vous n'êtes pas désespéré, par hasard, monsieur Longuet ? "

« — Pas du tout, monsieur Mifroid ; j'ai seulement faim. Et je peux vous dire que si j'avais moins faim dans votre délicieuse société , je n'aurais aucun regret pour les toits de la rue Gerando .

« Nous allons manger tout à l'heure, M. Longuet , dis-je. Une once de jambon sera notre repas du soir. »

« M. Longuet sourit avidement ; puis il dit : « Peut-être que cela émousserait un peu mon appétit si vous me parliez de ces catacombes.

« — Je crois que je devrais commencer par vous donner une idée générale des Catacombes, dis-je. Vous comprendrez alors mieux pourquoi il faut absolument marcher longtemps avant d'en sortir.

"La route que nous suivions était un long passage de quinze à vingt pieds de haut. Ses murs étaient très secs; et la lumière électrique nous montrait une pierre exempte de toute végétation parasite, exempte même de toute moisissure . C'était un spectacle qui me fit car si nous nous nourrissions pendant vingt jours d'un régime de jambon salé, sans aucun aliment végétal, je craignais que nous ne soyons en proie au scorbut. J'avais l'esprit tranquille en ce qui concerne la boisson, car je savais que dans les Catacombes, il y avait de petits ruisseaux d'eau courante, et il suffisait de marcher assez loin pour les rencontrer.

" M. Longuet ne pouvait se résoudre à l'idée que nous marchions *sans nous soucier d'où nous allions* . J'ai cru sage de lui faire comprendre la nécessité de ne pas nous soucier d'où nous allions. Je lui ai dit, comme c'était la vérité, que pendant la pose de l'égout, les ingénieurs, descendus dans les Catacombes par le trou, avaient essayé en vain de contourner les catacombes et d'en sortir, ils avaient dû y renoncer et se contenter de construire trois piliers pour les protéger. soutenir le toit au sommet duquel coulait leur égout, avec des matériaux déversés par le trou par lequel nous étions descendus si précipitamment et qui avait été si définitivement et malheureusement maçonné au-dessus de nos têtes.

" Pour ne pas le décourager, je lui ai fait savoir qu'à ma connaissance certaine nous pouvions compter sur au moins *trois cent dix milles* [6] de Catacombes, et qu'il n'y avait aucune raison pour qu'il n'y en ait pas davantage. Il était évident que si je ne lui avais pas fait comprendre tout de suite la difficulté de sortir, il aurait cédé au désespoir au bout de quelques jours de voyage .

[6] Ce sont les chiffres officiels.

" " Gardez donc à l'esprit, dis-je, qu'ils ont creusé ce sol du troisième au dix-septième siècle ! Oui ; depuis quatorze cents ans l'homme a tiré du sous-sol les matériaux nécessaires pour construire dessus. A tel point que de temps en temps, comme il y en a trop sur le dessus, et par endroits rien du tout en dessous, les choses du dessus sont revenues en dessous d'où elles venaient.

"Depuis que nous nous trouvions sous l'ancien quartier d'Enfer , je rappelai à sa mémoire qu'en 1777 une maison de la rue d'Enfer fut ainsi engloutie. Elle fut précipitée à cent douze pieds au-dessous du pavé de sa propre cour. Quelques mois plus tard, en 1778, sept personnes furent tuées dans un éboulement similaire, dans le district de Ménilmontant ... J'ai cité plusieurs exemples d'une date ultérieure, en insistant sur les pertes humaines.

"Il m'a compris et m'a dit : 'En fait, c'est souvent plus dangereux de se promener dessus que dessous.'

" J'avais retenu son attention, et le trouvant si joyeux et intéressé, oubliant toute sa faim, j'en profitai pour accélérer nos pas ; et je chantai le refrain le plus fougueux dont je me souvenais. Il le reprit et nous chantâmes ensemble :

'Sors! Sortez, les garçons, avec de la volonté ! La route est dure et chaude ;
Il y a une auberge au-delà de la colline Et de la bonne liqueur dans un pot !

"C'est la chanson qui te fait sortir !

« Quand nous étions fatigués de chanter (on se lasse vite de chanter dans les Catacombes parce que la voix ne porte pas), M. Longuet m'a posé cent questions. Il m'a demandé combien de pieds de terre il y avait entre nous et la surface ; et je lui dis que d'après le dernier rapport, cela variait entre onze et deux cent soixante pieds.

« Parfois, dis-je, la croûte terrestre est si mince qu'il est nécessaire de prolonger les fondations des édifices publics jusqu'au fond des Catacombes. Il y a donc chance, au cours de nos pérégrinations, de rencontrer le piliers de Saint- Sulpice , de Saint-Étienne-du-Mont, du Panthéon, du Val-de-Grâce et de l' Odéon . Ces édifices sont pour ainsi dire élevés sur pilotis souterrains.

« « Pieux souterrains ! » s'écria-t-il joyeusement. Y a-t-il vraiment une chance qu'au cours de nos pérégrinations nous rencontrions des amas souterrains ?

"Puis il revint à son idée fixe :

"'Et au cours de nos pérégrinations, y a-t-il une chance que nous trouvions une issue ? Y a-t-il plusieurs issues pour sortir des Catacombes ?" dit-il avec nostalgie.

« Beaucoup, dis-je. D'abord, il y a des sorties dans le Quartier… »

"'Tant mieux!' il l'interrompit.

"'Et d'autres qui sont inconnues, des ouvertures par lesquelles personne n'entre jamais, mais qui n'en existent pas moins : dans les caves du Panthéon, dans celles du Collège Henri IV, de l'Observatoire, du Séminaire Saint-Sulpice , de l'Hôpital du Midi, certaines maisons dans les rues d'Enfer , Vaugirard , Tombe -Issoire ; à Passy, Chaillot , Saint- Maur , Charenton et Gentilly... Plus de soixante...'

"'C'est bien!'

« Il aurait mieux valu, répondis-je, si Colbert n'avait pas, le 11 juillet 1678… »

"'Merveilleux!' interrompit M. Longuet . Vous avez une aussi belle mémoire que M. Lecamus !

" " Cela ne doit pas vous étonner, M. Longuet . J'ai été autrefois secrétaire du commissaire du district ; et il m'a plu de m'intéresser aux Catacombes, comme il m'a plu depuis de pratiquer le violon et la sculpture. Je n'ai pas dépassé le bon vieux commissaire de police, mon cher M. Longuet .

" Il n'a pas répondu à cela ; il a dit : " Vous disiez que Colbert le 11 juillet 1678... "

« Afin de mettre un terme à la cupidité des bâtisseurs, il a été ordonné de fermer les ouvertures des Catacombes avant que Paris ne soit complètement minée. Cette ordonnance de Colbert nous a pour ainsi dire emmurés. »

"A ce moment nous passons devant un pilier. J'examine la structure et dis : 'Voici un pilier qui a été construit par les architectes de Louis XVI en 1778, au cours de la consolidation."

« Ce pauvre Louis XVI ! » dit M. Longuet ... Il eût bien mieux fait de consolider la monarchie.

« Cela aurait été pour consolider une catacombe », dis-je avec bonheur, même si je crois que le mot catacombes n'est utilisé qu'au pluriel.

" M. Longuet m'avait pris la lampe, et sans cesse il tournait son rayon de droite à gauche comme s'il cherchait quelque chose. Je lui demandai la raison de cette action qui commençait à me fatiguer les yeux.

"'Je cherche des cadavres', dit-il.

"'Des cadavres ?'

"'Des squelettes. On m'a toujours dit que les murs des Catacombes étaient tapissés de squelettes.'

" " Oh, cette tapisserie macabre, mon ami (je l'ai déjà appelé " mon ami " parce que j'étais si content de sa sérénité dans des circonstances aussi graves), cette tapisserie macabre mesure à peine trois quarts de mille de long. un mille s'appelle très justement l'Ossuaire, parce que des crânes, des côtes, des tibias, des fémurs, des clavicules, des épaules et des sternums en forment l'unique décor. Mais quel décor ! C'est un décor composé de trois millions et cinquante mille squelettes, qui ont été prélevés dans les cimetières de Saint-Médard , de Cluny, de Saint-Landry, des Carmélites, des Bénédictins et des Innocents. Tous les ossements, bien triés, rangés, classés et étiquetés, se forment le long du chemin. murs des passages, roses, parallélogrammes, triangles, rectangles, spirales et bien d'autres figures d'une merveilleuse exactitude. Désirons, mon ami, atteindre ce domaine de la mort. Ce sera la vie ! Car je ne connais pas d'endroit dans Paris plus agréablement fréquenté : on n'y rencontre que des fiancés, des couples en pleine lune de miel, des amoureux, et enfin tous les gens heureux. Mais nous n'en sommes pas encore là. Qu'est-ce que trois quarts de mille d'ossements sur trois cent dix milles de catacombes ?

« — Pas grand-chose, dit-il avec un profond soupir. Combien de kilomètres pensez-vous que nous avons parcouru, monsieur Mifroid ?

" Je l'ai prié de ne pas perdre de temps en calculs qui doivent être tout à fait vains ; puis, pour lui remonter le moral, je lui ai raconté l'histoire du concierge et des quatre soldats. La première était très courte : il y avait autrefois un concierge du Catacombes qui s'y égaraient ; ils retrouvèrent son corps une semaine plus tard. La seconde raconte quatre soldats du Val-de-Grâce qui, à l'aide d'une corde, descendirent un puits de deux cents pieds de profondeur. Ils étaient dans les Catacombes. Comme ils ne réapparaissaient pas, ils laissèrent tomber les tambours qui faisaient tout le bruit qu'ils pouvaient avec leurs tambours. Mais comme dans les Catacombes le *son ne porte pas* , personne ne répondit à l'appel. Ils les recherchèrent. quarante-huit heures plus tard , ils les trouvèrent mourants dans une impasse.

"'Ils n'avaient aucune force morale', dit Théophraste.

« C'étaient des idiots, dis-je. Quand on est assez bête pour se perdre dans les Catacombes, on est indigne de pitié, j'irai jusqu'à dire, d'intérêt. »

" Alors il me demanda comment je pourrais moi-même éviter de m'égarer dans les Catacombes. Comme nous arrivions à un endroit où un autre passage traversait celui où nous étions, je pus répondre sans tarder. Je dis :

« Voici deux passages, lequel vas-tu emprunter ? »

" L'un d'eux s'est enfui directement de notre point de départ ; l'autre y est presque certainement revenu. Comme nous avions pour objectif de nous éloigner de notre point de départ, M. Longuet a désigné le premier.

"J'en étais sûr !' " M'écriai-je. " Etes-vous tout à fait ignorant de la méthode expérimentale ? La méthode expérimentale au fond des Catacombes a démontré depuis des siècles que tout individu qui croit revenir à son point de départ (à l'entrée des Catacombes) se déplace s'en éloigner. La logique donc pour s'éloigner de son point de départ est nécessairement de prendre le chemin qui semble y ramener !

« Nous avons emprunté le passage par lequel nous semblions revenir sur nos pas. Nous étions ainsi sûrs de ne pas voyager en vain.

« Mes deux récits nous avaient fait faire encore un kilomètre ; alors M. Longuet dit : « Il faut vraiment que je soupe. »

"Nous avons dîné, une once de jambon chacun. Il y avait quelque difficulté à juger combien valait une once; mais nous avons fait de notre mieux. Il m'a enseigné la méthode de manger sa nourriture découverte par M. Fletcher des États-Unis. États-Unis. Nous avons divisé chaque once en quatre bouchées, non qu'elles soient en aucun cas des bouchées ; et nous avons mâché chacune patiemment jusqu'à ce que nous en ayons extrait le dernier vestige de saveur . Je pouvais bien le croire quand il m'a assuré que de cette façon nous j'en obtenais toute la nourriture qu'elle contenait. Pour ma part, j'aurais été ravi d'extraire le dernier vestige de saveur de cinquante autres bouchées de ce genre.

"Après ce souper maigre, mais sans doute extrêmement nourrissant, nous avons continué notre route. Nous avons parcouru encore quatre milles, quand j'ai avoué que je commençais à me sentir fatigué. J'ai été un peu surpris de trouver un fabricant de tampons en caoutchouc, une activité sédentaire, comme M. ... Longuet doué d'une vigueur si infatigable... Ayant appris par ma montre qu'il portait encore, parce qu'il disait trouver un réconfort à porter la montre d'un autre, qu'il était onze heures, je lui proposai d'aller à dormir.

" Son idée fixe, que nous trouverions une sortie des Catacombes, l'a amené à manifester quelques réticences. Mais je lui ai fait remarquer l'extrême improbabilité de trouver une sortie dans les vingt premiers milles de trois cent dix ; et nous nous sommes calmés. se reposer.

# CHAPITRE XXVI

## M. LONGUET POISSON DANS LES CATACOMBES

"Nous nous sommes réveillés le lendemain matin avec des appétits de jeunesse. Au milieu de notre petit-déjeuner exigu , je me suis rendu compte que nous nous comportions d'une manière extrêmement démodée. Les héros de Romance divisent invariablement leur tablette de chocolat en plusieurs morceaux. " Nous, avec notre jambon, nous nous montrions aussi banals qu'eux. Je fis part de ces réflexions à M. Longuet , et suggérai qu'au lieu de faire durer vingt jours nos cent cinquante-huit onces de jambon, nous en mangions dix onces chacun. par jour, et contentez-vous de les laisser durer huit.

" M. Longuet s'y opposa fermement. Il dit :

"'En premier lieu, l'admirable découverte de M. Fletcher des États-Unis a prouvé qu'une telle quantité de nourriture n'est pas nécessaire à la subsistance de l'être humain.' (J'ai appris plus tard que c'était une fausse déclaration.) « En deuxième lieu, il est de notre devoir, en tant que citoyens français, de reporter au dernier moment possible la pratique dégradante du cannibalisme.

"Il a parlé avec une vigoureuse insistance, il n'y avait aucune contestation. J'ai admiré sa force de caractère et j'ai gardé le silence.

" Immédiatement après le petit-déjeuner, nous avons repris notre route.

" Au bout d'une demi-heure environ, M. Longuet se plaignit d'avoir soif ; et je lui expliquai que dans notre situation toutes les plaintes étaient tout à fait vaines : une déclaration qui, malgré toute sa logique indéniable, semblait ne lui apporter que très peu de réconfort. Mais heureusement au fond , Au bout d'une heure encore, nos oreilles furent accueillies par le bruit agréable de l'eau qui ondulait, et bientôt le rayon de notre lampe électrique brillait sur un petit ruisseau qui coulait de quelque source souterraine à travers le passage. M. Longuet se jeta à terre et se mit à boire. J'hésitai, car il me semblait, en logicien, que, puisque nous ne pouvions pas emporter d'eau avec nous, *boire ne ferait que nous donner soif* ... Puis je réfléchis qu'il fallait trouver d'autres sources, et je suivis bientôt son exemple.

" Nous continuâmes notre chemin ; et bientôt M. Longuet me demanda s'il n'y avait pas dans les Catacombes de nourriture d'aucune sorte avec laquelle nous pourrions vivre après avoir épuisé les ressources du jambon et du survivant du cannibalisme. Heureusement j'avais visité le laboratoire des catacombes de M. Milne-Edwards, et je pourrais l'amuser avec un récit de la faune et de la flore de ces cavernes, sur lesquelles il pourrait, au besoin, se maintenir en vie. " Contrairement à mon habitude, je prenais un grand plaisir à cette conversation sur les choses comestibles. Je sentais en effet qu'un pareil sujet était extrêmement démodé ; sans doute mon plaisir venait de l'exiguïté de mon déjeuner.

« Mon cher ami, dis-je, il est toujours possible de ne pas mourir de faim, même si l'on ne sort jamais des Catacombes. La flore, la végétation cryptogamique, les champignons, en un mot, des Catacombes, seront cela ne suffit pas, je le crains, à vous maintenir en vie. Mais heureusement, partout où vous trouvez de l'eau dans ces cavernes, vous trouvez de la nourriture. Vous pouvez toujours devenir un ichtyophage .

"'Qu'est-ce que c'est que ça ?' dit-il avec méfiance.

"'Un ichtyophage est un mangeur de poisson.'

"'Ah!' s'écria-t-il avec une immense satisfaction, il y a du poisson dans les eaux des Catacombes ! J'aime beaucoup le poisson ! Il fit une pause, puis il ajouta d'un ton rêveur : « Après tout, il vaut mieux être un ichtyophage qu'un cannibale.

« Ce ne sont pas de gros poissons ; mais certains ruisseaux en contiennent des quantités incalculables. »

"'Vraiment ? Des quantités incalculables ?... Incalculables ?... Quelle est leur taille ?" dit-il avec une grande animation.

"'Oh, ils sont de tailles différentes. Généralement ils sont petits. Mais ils ne sont pas du tout désagréables à manger. On m'en a parlé quand je suis descendu visiter la Fontaine du Samaritain, une très jolie source de bonne taille. dans l'Ossuaire.

"'Est-ce loin d 'ici?' » dit-il avec empressement.

"'Je ne peux pas vous le dire pour le moment. Tout ce que je sais, c'est que cette fontaine a été construite en 1810 par M. Héricourt de Thury , Ingénieur des Passages Souterrains. En effet, cette fontaine est fréquentée par des copépodes (Cyclops Fimbriatus ). .. '

" ' Ah ! Copépodes ! Ce sont des poissons ?'

« Oui ; et ils présentent des modifications de tissus et de coloration qui leur sont propres. Ils ont un bel œil rouge. »

"'Quoi ? Un œil ?'

"'Oui; c'est pourquoi on les appelle cyclopes. Mais il ne faut pas s'étonner que ce poisson n'ait qu'un oeil, car l'Asellus Aquaticus, qui vit aussi dans les ruisseaux courants des Catacombes, un petit isopode aquatique , comme son nom l'indique. indique, n'a souvent pas d'yeux du tout.

"'Impossible!' s'écria M. Longuet ... Comment voient-ils ?

"'Ils n'ont pas besoin de voir, puisqu'ils vivent dans l'obscurité. La nature est parfaite. Elle est parfaite pour donner des yeux à ceux qui en ont besoin ; elle est parfaite pour enlever les yeux à ceux qui n'en ont pas besoin.'

« M. Longuet parut réfléchir un peu ; puis il dit : « Alors, si nous continuions à vivre dans les Catacombes, nous finirions par n'avoir plus d'yeux ?

"'Evidemment : nous devrions commencer par perdre l'usage de notre vue, puis notre vue elle-même. Nos descendants perdraient bientôt complètement la vue.'

" 'Nos descendants !' il pleure.

« Nous avons ri de ce petit lapsus ; puis il m'a pressé de continuer ma description des poissons des Catacombes.

" J'ai longuement discuté de la modification des organes, de leur développement excessif ou de leur atrophie, selon le milieu dans lequel vit l'espèce. J'ai aussi longuement décrit les différentes espèces de poissons.

"Mais finalement , il a dit : 'Tout cela sur leurs organes est très intéressant. Mais comment les attraper ?'

"'Je peux seulement vous dire que les Catacombes qui contiennent tous ces millions d'os ne peuvent pas nous offrir un seul asticot comme appât.'

"'Peu importe,' dit Théophraste. 'Il y a plus de façons de tuer un chien que de le pendre. Un pêcheur à la ligne a plus d'un tour dans son panier; et l'Asellus Aquaticus ferait mieux de faire attention.'

" Ce jour-là et les jours qui suivirent étaient très semblables. Chaque fois que nous arrivions à un ruisseau, nous nous arrêtions et buvions. Toujours M. Longuet avait envie de s'arrêter et de pêcher. Ce n'était pas tout à fait la faim ; l' ardeur du chasseur lui brûlait l'âme. Mais Je lui représentai que, pour autant que nous sachions, nous avions les trois cent dix milles des Catacombes à parcourir avant d'arriver à la sortie, et que notre premier devoir était de marcher et de marcher. l'extrémité la plus éloignée.

« Vers onze heures, non seulement l'effet nourrissant mais aussi satisfaisant de l'once de jambon semblait épuisé ; non seulement nous avions extrêmement faim, mais nous avancions à un rythme beaucoup plus lent. Je représentai à M. Longuet que il serait sage de prendre notre déjeuner tout de suite. Mais ses terribles instincts de bourgeois étaient trop forts pour nous. Il avait l'habitude d'une vie régulière si ancrée en lui qu'il n'entendait pas parler de déjeuner avant midi . sa force d'endurance : je n'avais jamais soupçonné que la fabrication de tampons en caoutchouc pouvait doter un homme de ces muscles d'acier. Néanmoins nous parlions très peu entre onze heures et midi.

"Cette once de jambon était un des repas les plus délicieux que j'aie jamais mangés. M. Longuet, qui semblait au cours de notre conversation avoir capté un peu de mon esprit scientifique, chronométrait le repas à l'aide de ma montre. C'était une source de grande satisfaction pour lui de ce qu'il prenait neuf à onze secondes de plus que moi pour chaque bouchée. Après cela, nous avons continué notre chemin avec une vigueur renouvelée ; et comme j'ai trouvé qu'il était du type d'esprit vraiment réceptif, j'ai trouvé notre conversation très agréable.

" L'après-midi était exactement comme le matin. Nous marchions, discutant d'une douzaine de sujets différents. Le lendemain matin était exactement comme le dernier après-midi ; et les jours qui suivirent étaient exactement comme les uns les autres. Les deuxième et troisième jours furent les moins confortables. Ces jours-là, les effets satisfaisants de nos onces de jambon semblaient s'épuiser plus vite. Mais après le troisième jour, je commençai à me rendre compte de la grande valeur de la découverte de M. Fletcher des États-Unis. Nos appétits étaient devenus tout à fait normaux ; "Une once de jambon les émoussait jusqu'au repas suivant. Nous perdions du poids en effet, surtout M. Longuet , dont le gilet pendait un peu mollement sur le devant. Mais les muscles de nos jambes semblaient s'être renforcés; et sans doute notre intellect avait grandi plus vite et Quand nous eûmes épuisé mes sujets, j'appris de M. Longuet le procédé de fabrication des tampons en caoutchouc, avec une minutie qui me convient pour me lancer à tout moment dans cette carrière. Je trouvai qu'il était encore plus prompt à acquérir les connaissances qui va à la formation d'un commissaire de police compétent.

"Cela aurait en effet été une promenade très agréable, grâce à cette dissemblance de nos natures qui produit la compagnie la plus harmonieuse, sans la monotonie du paysage à travers lequel nous nous dirigeons. Les passages souterrains, éclairés par nos lampes ", étaient tantôt vastes, tantôt étroits, tantôt arrondis comme les nefs des cathédrales, tantôt carrés, anguleux et mesquins, comme les couloirs des hospices. Mais ils n'offraient aucun spectacle d'une grande variété. Quand il avait dit : " Regarde, pierre ! Regardez, de l'argile ! Regardez, du sable ! nous avions tout dit, parce que nous avions tout vu.

" Ce fut dans l'après-midi du quatorzième jour que M. Longuet aborda un sujet de conversation qui me répugnait extrêmement, les qualités comestibles du corps humain. J'essayai doucement de l'en détourner ; mais il parut être devenu un des ses idées fixes, et il y insista pendant deux heures très fastidieuses. Ce soir-là, je m'arrêtai pour souper au bord d'un ruisseau de près de dix-huit pouces de large, qui traversait le passage dans lequel nous nous trouvions ; et après le souper, je suggérai qu'avant en se retirant pour la nuit, il devrait pour une fois assouvir son ardeur de sportif .

" Bien qu'en effet il n'eût pas d'hameçons, il se lança à la pêche avec le plus vif empressement. Nous allumâmes la lumière de notre lampe sur les eaux du ruisseau, et bientôt du trou dans le mur d'où il sortait, apparurent des nageurs. " Un petit poisson. Puis nous avons constaté que les hameçons n'étaient pas nécessaires dans le sport des Catacombes. Grâce à ce que le petit poisson n'avait pas d'yeux, M. Longuet a pu poser la main sur le lit du ruisseau, qui était peut-être , à ce point trois pouces de profondeur, et quand le petit poisson venait nager dessus, il levait brusquement la main et la jetait sur le rivage. Nous avons examiné sa prise à la lumière de notre lampe ; mais je n'ai pas pu dire si c'était un Asellus Aquaticus ou un Cyclops Fimbriatus .

" Au cours du quart d'heure suivant, nous attrapâmes encore trois de ces petits poissons (ils mesuraient près de quatre pouces de long) ; puis, à la vue du poisson frais, une lueur de loup vint dans les yeux de M. Longuet ; et il proposa que nous devions répéter le dîner que nous venions à peine de terminer. Après sa conversation désagréable de l'après-midi, je n'ai fait aucune objection. Mais avec son indéracinable instinct bourgeois, il s'est plaint que nous n'avions aucun moyen de faire cuire notre prise. Je lui ai expliqué que nos premiers ancêtres, les hommes des cavernes, mangeaient probablement la plupart de leur nourriture crue, et quoi que nous soyons d'autre, nous étions, à ce moment-là, sans aucun doute, des hommes des cavernes. Avec cette nouvelle vigilance intellectuelle, acquise en suivant la méthode de M. Fletcher des États-Unis, il a compris mon point. Nous avons nettoyé les poissons avec le couteau du Signor Petito et les avons mangés. Ils étaient délicieux.

« Mais, comme j'aurais dû le prévoir, tant de nourriture riche venant subitement après le régime rationnel dont nous avions subsisté pendant les quinze derniers jours, c'était trop pour nous, et pendant plusieurs heures nous avons souffert des douleurs d'indigestion les plus aiguës. "En raison de la hâte gourmande des gourmands, nous n'avions pas chronométré le repas et avions mangé le poisson beaucoup trop vite. Cependant, aucune expérience n'est perdue pour un homme rationnel; et j'ai compris qu'un Asellus Aquaticus, après le jambon, suffisait pour le Fletcherite logique.

« Après la disparition de notre indigestion, nous avons bien dormi ; et le lendemain matin nous avons repris notre voyage entièrement libres de toute inquiétude : cela pouvait nous prendre six mois, ou cela pouvait nous prendre un an, mais tôt ou tard nous retrouverions l'Ossuaire. et la sortie des Catacombes, soutenue dans notre tâche par l'Asellus Aquaticus. En effet , il était extrêmement improbable que cela nous prenne plus de quelques jours de plus, car comme je n'avais jamais manqué une occasion d'emprunter un passage qui semblait conduire au retour Par rapport à notre point de départ, nous avons dû nécessairement nous en éloigner de plus en plus.

"Cette attente s'est réalisée plus tôt que prévu, car dans la nuit du dix-septième jour, juste au moment où, à la fin d'une discussion très intéressante sur la négligence de la faculté logique par la grande majorité des hommes, nous avions tourné nos pensées vers souper et dormir, nous fûmes soudain confrontés à deux squelettes.

"Ils étaient fixés contre le mur de chaque côté, et *un bras de l'un ou l'autre, comme le bras d'un doigt, pointait vers le passage devant* .

# CHAPITRE XXVII

## M. PARTIES MIFROID DE THÉOPHRASTE

"Avec un cri simultané de plaisir , nous hâtâmes nos pas, et bientôt nous nous trouvâmes entre des figures géométriques et ornementales des plus intéressantes, entièrement composées d'os.

" J'ai ôté mon chapeau jusqu'aux os, avec un sentiment de profond soulagement et de gratitude. Mon séjour dans les Catacombes avait été loin d'être désagréable, puisque j'avais passé le temps en compagnie d'un compagnon si agréable et si sympathique ; mais j'étais Je suis content que cela soit terminé. J'en avais assez, peut-être que la monotonie du paysage m'en avait fatigué. J'étais tombé dans l'habitude d'instruire Théophraste, et aussitôt je lui ai appris à distinguer le tibia, le cubitus et le fémur. Une connaissance de l'anatomie ne fait de mal à personne. Mais je constatai avec regret qu'il m'écoutait d'un air sombre. Il ne semblait pas partager ma joie d'arriver au terme de notre voyage.

« Nous avions marché d'un bon pas pendant plus d'une demi-heure ; et de temps à autre, je m'arrêtais pour montrer à Théophraste une disposition inhabituellement artistique des os, quand tout à coup nous tombions sur une bougie allumée dans l'œil gauche d'un crâne. que nous avions enfin atteint le royaume des vivants. Puis nous sommes tombés sur des bougies sur des bougies dans les yeux des crânes, puis des lustres pleins de bougies scintillantes. Puis nous avons entendu des voix : les rires tintants et bavards des femmes. Nous arrivions à la fin. de notre voyage.

« Les premiers mots du XXe siècle que nous avons entendus étaient :

"'Eh bien, mon cher garçon, cette fonction n'est pas gay. Je préfère le Bullier ..."

"'Dieu merci, je n'ai que dix-huit ans, je suis loin d'avoir remplacé ces tibias !'

"Nous sommes entrés dans une grande caverne et nous nous sommes retrouvés au milieu d'une fête. Personne ne nous a prêté attention, ils nous ont pris pour des invités.

"Tout le long de ces murs funéraires étaient rangées des rangées de chaises. La lumière était vive, les bougies et les lustres de crânes brillaient. Au fond de la caverne se trouvait une estrade couverte de rangées de pupitres. Les musiciens venaient d'arriver. Le public prenait possession des chaises, on discutait et on plaisantait sur la décoration macabre des murs.

"Tous les cafés de l'Abîme, toutes les scènes artistico - mystico -macabres où l'on se moque de la vie et la mort se moquent, toutes ces loges de la Butte, où les crânes sourient sur les murs et les squelettes claquent sur le sol, tout le carnaval funéraire de Montmartre fut surpassé.

« Nous avions devant nous cinquante musiciens de l'Opéra, de Lamoureux et de Colonne , descendus au Royaume des Ossements pour sérénader les Morts. Et sous les voûtes des Catacombes, parmi leurs avenues et carrefours, où s'étendent les tragiques murs couverts d'épaves osseuses d'hommes, la marche funèbre de Chopin élevait ses lamentations devant un parterre d' esthètes , d'artistes, de Bulgares, de Moldo -Valaques, d'habitués des premières nuits, de M. Mifroid et de M. Théophraste. Longuet , qui dort paisiblement sur sa chaise comme il le fait toujours au théâtre.

"'Parfait, ce premier violon ! Parfait !' Dis-je dans un souffle. (Je suis un connaisseur.)

"Ce qui m'a le plus ravi, c'est la manière exquise avec laquelle l'orchestre a rendu l'adagio de la troisième symphonie de Beethoven. Finalement, nous avons eu "La Danse Macabre" de Saint-Saëns. Puis j'ai tapoté Théophraste sur l'épaule et lui ai dit que c'était Quand nous rentrâmes chez nous, le concert après trois semaines de catacombes m'avait fait un bien fou.

"Nous marchions d'un bon pas, et dix minutes plus tard nous nous retrouvions à la surface de la terre. J'ai poussé un profond soupir de satisfaction : à l'exception du jambon, il n'y avait rien de démodé dans nos trois semaines de voyage à travers les Catacombes. .

« Je vous ai dit que nous devrions sortir ! » J'ai dit : « Ma femme sera vraiment contente de me voir !

« Tant mieux pour vous et pour elle », dit sombrement Théophraste.

« Je n'aurais jamais dû croire que les Catacombes étaient si agréables », dis-je.

« Moi non plus, dit Théophraste d'un ton sombre.

"Nous avons marché quelques minutes en silence. C'était si agréable de marcher à ciel ouvert et sous les étoiles au lieu de sous un toit éclairé par la lumière électrique, que je ne me suis pas pressé de prendre un taxi.

« Alors Théophraste dit : « Qu'attendez-vous ?

" Qu'est-ce que j'attends ? Je n'attends rien ni personne. On m'attend. Et je suis sûr que Mme Mifroid doit être dans un état d'anxiété terrible. "

"'Mais pourquoi ne m'arrêtez-vous pas ? Quand j'ai demandé qu'est-ce que vous attendiez, je voulais dire qu'attendez-vous pour m'arrêter ?"

"'Non, M. Longuet , non. Je ne vous arrêterai pas... J'avais mission d'arrêter Cartouche. Mais Cartouche n'existe plus ! Il n'y a que M. Longuet ; et M. Longuet est mon ami !"

"Les yeux de Théophraste se remplirent de larmes.

"'J'ai le fort sentiment que je suis guéri... si seulement je pouvais en être sûr.'

"'Que feriez-vous si vous l'étiez ?' dis-je.

« Je devrais retourner auprès de ma femme, ma chère Marceline », dit-il avec mélancolie.

« - Eh bien, il faut que vous retourniez auprès de votre femme, M. Longuet ; il le faut certainement. »

« « Vous me le conseillez ? »

"' Bien sur que oui.'

" " Non, M. Mifroid , non. Elle ne m'attend plus. Avant de tomber par ce trou de la rue d'Enfer , j'ai eu soin de laisser mes vêtements au bord d'une rivière. Elle me croit mort, noyé. Soyez plongée dans un profond désespoir. Ma seule satisfaction est que mon cher ami, M. Lecamus , que vous connaissez, ait fait tout son possible pour elle dans son affliction.

"'Cela rend d'autant plus nécessaire que vous retourniez vers elle', dis-je.

"'Je le ferai,' dit Théophraste; et son visage s'éclaira.

« Nous nous serrions la main, avec répugnance à nous séparer d'amis intimes ; et en effet , notre séjour dans les Catacombes avait fait de nous des amis intimes, quand tout à coup Théophraste se frappa le front et dit :

"' *Je dois te raconter une histoire de ta jeunesse !*'

" Or, si quelqu'un, à un tel moment, avec Mme Mifroid dans un tel état d'inquiétude, m'avait dit : " Il faut que je vous raconte *ma jeunesse* ", j'aurais trouvé une excuse et je m'enfuirais. Mais il a dit : « *Je dois vous raconter une histoire de votre jeunesse* . C'était extrêmement curieux ; je me suis arrêté et j'ai écouté ; et voici ce qu'il m'a dit :

"'L'incident a eu lieu à cet endroit, au carrefour de Buci ', a déclaré Théophraste.

" ' Étais-je très jeune ?' Ai-je demandé en souriant.

"'Eh bien, vous deviez avoir entre cinquante et cinquante-cinq ans.'

" J'ai fait un petit sursaut. Je n'ai pas tout à fait quarante ans. Et vous pouvez comprendre mon étonnement lorsque M. Longuet a parlé d'un incident de ma jeunesse, alors que j'avais entre cinquante et cinquante-cinq ans. Mais il ne s'est pas soucié de mon mouvement, et a continué :

« « A cette époque , vous aviez une barbe grisâtre, coupée en deux longues pointes larges qui descendaient gracieusement jusqu'à votre ceinture ; et vous étiez monté, je le vois maintenant, sur un beau cheval espagnol. »

"'Vraiment ? J'étais monté sur un cheval espagnol ?' (Je n'ai jamais été monté sur autre chose qu'un vélo.)

"'Un cheval espagnol, que vous avez donné à tenir à l'un de vos archers.'

"'Ah, je commandais des archers, n'est-ce pas ?'

"'Oui, de vingt archers à cheval et d'une centaine d'archers à pied. Toute cette troupe était venue du Palais de Justice; et lorsqu'elle arriva au carrefour de Buci , vous descendez de cheval, parce que vous aviez soif, et que vous vouliez avant la cérémonie sortir boire une pinte à la taverne tenue par le Smacker.

« — Et pour quelle cérémonie étais-je venu du Palais de Justice avec mes cent vingt archers ? dis-je, voulant lui faire plaisir , car je voulais seulement rentrer à la maison.

"'Il s'agissait de me citer par Proclamation Publique pour le meurtre de l'ouvrier Mondelot . Aussi , ce jour-là, 28 mars 1721, les greffiers, trompettes, tambours, archers à cheval et archers à pied, sortirent de le Palais de Justice dans un cortège imposant, et après avoir fait la proclamation d'abord à la Cour de Mai, où tout se passait tranquillement, puis de nouveau place de la Croix-Rouge, ils revinrent ici au carrefour Buci . votre pinte, M. Mifroid , et vous montiez votre cheval espagnol, lorsque survint cet incident remarquable. Le greffier lut très solennellement : « Au nom du Roi, par l'intermédiaire des seigneurs du Parlement, ledit Louis-Dominique Cartouche. ..' quand une voix cria : " Présent ! Voici Cartouche ! Qui veut Cartouche ? "... A l'instant les greffiers, archers à pied et archers à cheval, tambours et trompettes, tout le cortège se sépara et j'ai fui dans toutes les directions... Oui, il n'est resté personne au carrefour de Buci , *personne sauf moi et le cheval espagnol* , après que j'ai crié :

"'Voici Cartouche !'

« Phénomène plus curieux que tous les phénomènes curieux au fond des Catacombes !... M. Longuet n'avait pas plutôt dit : « Voici Cartouche ! que j'ai commencé à fuir du carrefour de Buci aussi vite que mes jambes pouvaient me porter, *comme si la peur de Cartouche habitait les mollets des policiers du carrefour de Buci depuis près de deux cents ans !*"

# CHAPITRE XXVIII

## THÉOPHRASTE PART EN EXIL ÉTERNEL

Je laisse ici le rapport du commissaire de police, M. Mifroid . La conclusion est en effet remplie des réflexions les plus profondes et les plus philosophiques sur l'effet de la compagnie dans le malheur sur le cœur humain ; mais ils n'ont aucun rapport avec l'histoire de Théophraste.

Lorsque le bruit des pas volants de M. Mifroid ne résonna plus dans la rue déserte, le cœur de ce malheureux s'emplit de la plus profonde mélancolie. Voici encore cette maudite Plume Noire ! Voyez-le à la lumière vacillante d'un réverbère. Il secoue la tête. Ah ! de quel air lamentable il secoue sa tête misérable et douloureuse ! A quoi rêve-t-il, malheureux, pour que sans cesse il secoue sa malheureuse tête ? Sans doute l'idée qu'il avait eue de retourner troubler la paix de sa chère Marceline ne lui paraît plus raisonnable. Il le rejette évidemment, car ses pieds lourds et traînants ne le portent pas vers les hauteurs de la rue Gerando .

Quelques minutes plus tard, il se retrouve place Saint-André-des-Arts, et s'enfonce dans le passage sombre de la rue Suger . Il sonne à une porte. La porte s'ouvre. Dans le couloir, un homme en blouse, avec une casquette en papier sur la tête et une lanterne à la main, lui demande ce qu'il veut.

"Bonsoir, Ambroise. Vous êtes toujours éveillé, n'est-ce pas... jusqu'à présent ?" dit Théophraste. "C'est moi. Oh, beaucoup de choses se sont passées depuis la dernière fois que je t'ai vu !"

C'était vrai. Bien des choses étaient arrivées à M . Longuet depuis qu'il avait vu Ambroise pour la dernière fois, car il ne l'avait pas revu depuis le jour où il avait appris de lui la date du filigrane sur le document trouvé dans les caves de la Conciergerie.

"Entrez et faites comme chez vous", dit Ambrose.

"Je vous raconterai tout cela demain", dit Théophraste. "Mais ce soir, je veux dormir."

Ambroise le mit au lit et il dormit du sommeil sans rêves d'un petit enfant.

Au cours des jours suivants, Ambroise essaya de faire parler Théophraste ; mais, curieusement, il gardait un silence complet. Il passait son temps à écrire et à écrire. Une ou deux fois , il sortait la nuit. Un jour, Ambroise lui demanda où il allait.

« Un commissaire de police, M. Mifroid , est en train de rédiger le récit d'un voyage que nous avons fait ensemble, dit Théophraste. "Et je vais lui en demander une copie."

J'incline à croire qu'une de ces nuits, il a dû revenir aussi à l'appartement de la rue Gerando , près de sa cheminée préférée , et y avoir emporté le rapport que M. Lecamus avait écrit pour le Club Pneumatique, sur le fonctionnement de M. Eliphas de Saint- Elme de Taillebourg de la Nox . C'est également au cours d'une de ces nuits qu'il a dû acquérir la boîte en bois de santal incrustée d'acier ; et comme Ambroise croit qu'il avait peu d'argent, il n'est pas improbable qu'au moment de l'acquérir il ait eu sa plume noire.

Un soir, il descendit portant sous le bras une boîte, la boîte en bois de santal ; et d'un air de sombre satisfaction, il dit à Ambroise : « J'ai fini mes travaux littéraires ; et je crois que j'irai voir ma femme.

"Je n'ai pas aimé vous parler d'elle", dit rapidement Ambrose. "Votre tristesse et votre comportement inexplicable m'ont fait craindre que vous ayez des difficultés domestiques."

"Elle m'aime toujours autant !" s'écria Théophraste avec un peu de chaleur.

En quittant la maison, Ambroise lui dit : « Assurez-vous de garder un très bon souvenir de moi envers Marceline.

Théophraste a dit qu'il le ferait; mais il se dit :

" Marceline ne me verra jamais ; elle ne doit jamais me voir. Même les Catacombes n'ont pas arraché ma fatale Plume Noire. Je ne dois pas troubler sa paix. Elle *ne* me verra jamais. Mais je... je souhaite la revoir une fois de plus, de de loin, *pour voir si elle est heureuse* ."

Il sanglotait dans la rue.

---

Il est neuf heures du soir, une sombre nuit d'hiver. Théophraste gravit la pente au sommet de laquelle s'élèvent les murs de la Villa Azure Waves. D'une main tremblante, il retire le verrou de la petite porte du jardin derrière la maison. Il traverse le jardin doucement, sans bruit, une main appuyée sur son cœur qui bat encore plus furieusement que la nuit du ronronnement du petit chat violet, son bon cœur, son grand cœur, encore débordant d'amour pour l'épouse qu'il souhaite voir heureux.

Il y a de la lumière dans le salon ; et la fenêtre est ouverte de quelques centimètres, car la nuit est lourde. Vous avancez lentement et sans bruit jusqu'à un arbuste, déposez la boîte en bois de santal et regardez à travers les branches sans feuilles dans le salon confortable .

Ah ! qu'as-tu vu dans le salon ?... Pourquoi ce profond gémissement ? Pourquoi arraches-tu les mèches blanches de ton front ?... Qu'as-tu vu ?... Après tout, est-ce que ce que tu as vu importe, *puisque tu es mort ?* Ne souhaitiez-vous pas voir votre femme heureuse ? Eh bien, vous la voyez heureuse !

Elle et M. Lecamus sont assis sur le canapé. Ils se tiennent la main ; ils se regardent avec des yeux d'amants. Il l'embrasse, avec respect mais avec dévotion. Il la console de votre perte. Vous l'avez souhaité. Comment peut-il mieux la consoler qu'en vous remplaçant ?

Théophraste, le fabricant de tampons en caoutchouc, doux et bienveillant, s'en rend compte. Il se met à genoux sur l'herbe froide et mouillée, pleurant des larmes de résignation amère. Il se réconcilie avec la nécessité du fait cruel qu'ils soient assis dans son confortable salon, et il est agenouillé sur son herbe froide et humide. Il y est presque réconcilié ; mais pas tout à fait. Qu'est-ce qui pousse, pousse en avant ? *La poussée ascendante du Passé — la Plume Noire !*

Les larmes sèchent dans les yeux de Théophraste. Ses yeux brillent d'une lueur maléfique dans la sombre nuit d'hiver. Il se lève d'un bond ; il grince des dents ; il crie d'une voix rauque :

" *Par l'accélérateur de Madame Phalaris !* "

Le passé le tient sous son emprise ; il est tourmenté par les affres de la jalousie d'antan et par les affres de la jalousie nouvelle. En trois secondes , il passe la fenêtre et est dans le salon. Des cris de terreur sauvages saluent son entrée ; mais dix secondes plus tard, M. Lecamus gisait insensé dans le grand fauteuil, pieds et poings liés avec la corde de la cloche. Lorsqu'il reprend ses esprits, l'aiguille de l'horloge a avancé de dix minutes. Déchiré par les peurs et le suspense, il écoute de toutes ses oreilles. Il entend de légers mouvements à l'étage supérieur. Les minutes passent ; vingt minutes passent. Puis il y a un bruit de pas lourds dans les escaliers. Théophraste entre, encore une fois Théophraste changé : ses yeux ne brillent plus d'une mauvaise lumière ; ils sont pleins de larmes non versées. Son visage travaille avec une émotion intense ; et sur son épaule se trouve un portemanteau.

*Que contient ce portemanteau ?*

Théophraste, le visage marqué par une intense émotion, traverse la pièce pour rejoindre son vieil ami. Il se tord la main, la tord une dernière fois ; et d'une voix brisée, pleine de larmes, il dit :

"Adieu, Adolphe ! Adieu, cher ami, pour toujours ! Je vais à la *Seine près du pont de l'Hôtel de Ville. Il faut que je quitte ce portemanteau.* Et puis je pars pour l'éternel exil !"

Il lâcha la main de son ami et, le visage toujours marqué par une émotion intense, il passa par la fenêtre, portant le portemanteau avec une étonnante aisance.

M. Lecamus ne l'a jamais revu ; il n'a jamais revu Marceline ; il n'a jamais revu le portemanteau. Le malheureux Théophraste, malchanceux exilé du Paris qu'il aime, erre-t-il en Extrême-Orient ou en Extrême-Occident ? Est-il dans la vieille police de la mode du XVIIIe siècle à Bagdad, ou monte-t-il une entreprise de tampons en caoutchouc à Chicago ?